大学生就业

创新

思维

模式与实践探索

闫红玉◎著

新华出版社

图书在版编目（CIP）数据

大学生就业创新思维模式与实践探索 / 闫红玉著 .
-- 北京 : 新华出版社 , 2022.9
ISBN 978-7-5166-6476-6

Ⅰ . ①大… Ⅱ . ①闫… Ⅲ . ①大学生－职业选择
Ⅳ . ① G647.38

中国版本图书馆 CIP 数据核字 (2022) 第 179157 号

大学生就业创新思维模式与实践探索

作　　者：闫红玉

责任编辑：李　宇　　　　　　　　　封面设计：沈　莹

出版发行：新华出版社

地　　址：北京石景山区京原路 8 号　　邮　　编：100040

网　　址：http : // www . xinhuapub . com

经　　销：新华书店、新华出版社天猫旗舰店、京东旗舰店及各大网店

购书热线：010-63077122　　　　中国新闻书店购书热线：010-63072012

照　　排：守正文化

印　　刷：天津和萱印刷有限公司

成品尺寸：170mm×240mm　　1/16

印　　张：10.75　　　　　　　　　字　　数：192 千字

版　　次：2024 年 1 月第一版　　　印　　次：2024 年 1 月第一次印刷

书　　号：ISBN 978-7-5166-6476-6

定　　价：72.00 元

作者简介

闫红玉　男，毕业于东北大学法学专业，大学本科。鲁迅美术学院副教授、辅导员。研究方向为大学生思想政治教育，参与多项科研立项，共发表学术论文十几篇。

前　言

就业不仅是衡量宏观经济发展健康与否的重要指标，而且与宏观经济发展紧密相连。高校毕业生是国家宝贵的人力资源财富，是国家建设的栋梁之材，解决好高校毕业生的就业问题，关系到国家的长治久安和繁荣昌盛。通过开展就业指导，可以帮助大学生尽早地了解职业发展方向，培养职业发展能力和素质，规划职业发展战略和道路，有助于大学生尽可能找到适合自己发展的职业，减少职业寻找过程中的盲目性。

本书第一章内容为大学生就业概述，主要从两方面的内容进行了论述，分别是大学生就业形势、大学生就业政策。第二章内容是大学生就业准备，分别从大学生就业的心理准备、大学生就业的知识准备、大学生就业的材料准备这三个方面展开了论述。第三章内容为大学生就业指导，主要包括笔试指导、面试指导、求职的礼仪这三个方面的内容。第四章内容是大学生就业的程序与权益保障，分别从就业的流程、就业权益保障、就业陷阱的防范这三个方面展开了论述。第五章内容是职业适应与职业生涯发展规划，分别从职业适应、职业生涯发展规划这两个方面展开了论述。第六章内容是就业模式创新思考与大学生创新创业指导，包括建立与完善就业指导体系、深度加强校企合作、大学生创新创业指导这三个方面的内容。

在撰写本书的过程中，作者得到了许多专家学者的帮助和指导，参考了大量的学术文献，在此表达真诚的感谢。本书内容系统全面，论述条理清晰、深入浅出，但由于作者水平有限，书中难免会有疏漏之处，希望广大同行及时指正。

作者

2022 年 5 月

目　录

第一章　大学生就业概述

本章内容为大学生就业概述，首先论述了当前大学生整体就业形势以及大学生就业的特点，分析了大学生就业存在问题与原因，指出大学生就业问题解决的方法，其次介绍了大学生相关就业政策与就业制度。

第一节　大学生就业形势

一、大学生整体就业形势

就业不仅是衡量宏观经济发展健康与否的重要指标，而且与宏观经济发展紧密相连。高校毕业生是国家宝贵的人力资源财富，是国家建设的栋梁之材，解决好高校毕业生的就业问题，关系到国家的长治久安和繁荣昌盛。自1999年高等教育普及化以来，伴随着高校招生规模的不断扩大，高校毕业生人数也在不断增长。2020年，高校毕业生已高达874万人。因此，高校毕业生的就业难度越来越大。据专家预测，在未来五年内，大学生的就业形势将更加严峻，"更难就业季"会不断刷新。与此同时，由于一个大学生的就业事关一个家庭的未来，因此，大学生的就业现状和就业前景问题已成为社会普遍关注的民生话题。有鉴于此，作为大学生，全面了解我国当前及未来一段时间的就业环境和就业形势是非常必要的，只有这样，才能提前做好求职规划，以及知识及技能储备，从而保证自己在毕业后找到理想的就业岗位。

二、当前大学生就业的特点

（一）薪酬待遇不再是最重要因素

智联招聘发布的《2018年大学生求职指南》显示，"应届毕业生选择'实现个人价值的数量'达到了选择'挣钱'的近两倍。具体来看，有41.70%的应届毕业生认为，找工作时最看重的因素是'工作是实现个人价值的重要部分'，分别有 26.97% 和 23.19% 的应届毕业生认为是'工作必须符合我的兴趣，做人开心最重要'以及'工作只是谋生的手段，赚钱最重要'"。

新生代大学生在就业选择问题上相对独立、更加自我，尤其看重是否有符合自己兴趣的成长空间和发展前景；不仅仅重视"硬福利"，还特别重视弹性工作时间、学习培训机会、带薪休假等"软福利"。

（二）就业观更为开放和多元

大学生的就业观向来是观察时代变迁和社会变化的风向标。越来越多的年轻人在就业时不走寻常路，"体制内的稳定"不再是他们的首要考虑因素。

目前不少新生代大学生不是特别在意体制内外的区别，对体制内单位的青睐程度有所下降。对于大企业、铁饭碗、洋饭碗的追求，新生代大学生有了新变化。"铁饭碗"与"洋饭碗"吸引力在不同程度下降，折射出新生代大学生在职业定位和人生选择上更加开放与多元。民营企业和中小微企业是新生代大学生的主要就业去向，而且比例持续上升，这也是社会发展和活力的体现。

当"天之骄子"的光环不再，大学生就业压力和工作焦虑依然不同程度存在，但新生代大学生的就业观逐渐趋于务实理性、就业渠道也更加广阔。过去推崇待遇和体面，如今更强调个人兴趣与成长空间；过去强调安逸稳定、旱涝保收，如今更信奉"幸福人生都是奋斗出来的"。

（三）"慢就业"理念逐渐被接受

在最近几年大学生就业形势不容乐观的总体环境下出现了一个特定的族群——"慢就业"族，或读书深造，或四处游历，或参与支教，或选择间隔年，或选择做义工，或凭借一技之长选择开网店、网络直播、新媒体运营、摄影师等自由职业……目前这种"慢就业"的趋势正在逐步扩大。

"慢就业"是新生代大学生逐渐展现出来的一个新的就业特点，一方面与社会经济发展、人均收入水平不断提高有着密不可分的关系，职业生涯有了更多可能，父母对孩子的选择意愿也更加尊重，"毕业马上就业"的观念也在逐渐改变；另一方面也说明，大学生本来就处于探索职业生涯的关键阶段，社会环境对"慢就业"族从不理解到接受再到包容，是社会价值观与评价体系越来越多元化的表现。

三、大学生就业存在的问题与原因分析

（一）大学生就业存在的问题

1. 学生求职就业观念亟待转变

（1）害怕挑战，回避社会。部分高校毕业生在大学最后一年，仍无法明确自身定位，不愿意到西部、乡村和中小微企业发展，内心偏向轻松、稳定的体制内工作。尤其在新形势下，学生父母也在内心里更加偏爱稳定的体制内工作，致使学生在自我择业观念和择业方向上因家庭影响向"求稳"偏转，回避有挑战性的工作，更不可能考虑自主创业或者前往偏远地区工作。还有部分学生不但自身缺乏就业方向，同时还因为家庭环境较为优越，造成自身始终处于等候观望状态，喜好安逸，就业意愿不强，不愿进入社会锻炼和提升自己，回避社会责任。

（2）缺乏信心，过分偏好对口岗位。部分高校毕业生由于专业知识学习和职业竞争力较弱，同时缺乏日常活动交流和参与的主动性，造成毕业时学生认为只有本专业对口的岗位才适合自己，缺乏尝试其他工作岗位的勇气和信心，并从心里对工作适应能力产生自我暗示，从而可能错过许多很好的工作机会，增加了就业难度。

2. 用人单位对大学生就业的影响

在新形势下，中小微企业受到经济和社会发展的双重压力，自身企业发展缓慢，吸纳毕业生的能力大幅下降，出现了大面积供需失衡的现象，从而使企业对于高校毕业生综合素质和能力提出了更高要求。此外，受防控要求，使得原本属于"金三银四"招聘时期的线下校园招聘宣讲会和现场招聘会，也全面转向了网络平台，不仅弱化了供需双方之间的交流和了解，大大降低了宣传效果，还会因为纷繁的就业信息使社会经验不足的毕业生出现上当受骗等情况，从而无法达到预期的求职效果及成功率。同时由于公务员或事业单位招考因防控的不确定因素会出现推迟等情况，让更多学生在就业的选择上心生迷茫并抱有等候观望态度。

3. 高校对大学生就业的影响

新形势下社会环境有着诸多不确定性，各地区高校为防止人员流动增加防控风险，均降低了学生实践活动和企业实习的时间，让用人单位和学生缺少更深一层的交流和了解机会。同时大学生职业生涯课程教育仍有待进一步深入化、全面

化和规范化,就业师资团队建设力度不够,尤其在新形势下,增加了实践教学与理论教学脱节的风险,造成高校毕业生社会适应能力低、专业基础不扎实、再学习能力差、职业竞争力较弱等问题凸显,最终在面对实习、就业、升学等方面的变化时,出现摇摆不定、不知所措。

(二)大学生就业形势严峻问题产生的原因

1.社会整体就业环境不宽松

社会整体就业环境不宽松表现在以下几个方面。

(1)劳动力增长过快。近年来,我国新成长劳动力规模庞大,对劳动力市场造成了巨大的压力。根据全国人口普查资料推算,今后一个时期新成长劳动力增长幅度会进一步加大。

(2)城市劳动力市场压力过大。我国经济体制改革和经济结构调整过程中部分人员下岗分流,农村剩余劳动力向城市转移,机关事业单位进行机构改革和人员精简,加剧了城市劳动力市场的紧张状况,使大学生面临一个不宽松的劳动力市场,从而对大学生就业带来影响。

(3)青年失业率增长。随着就业市场化,在劳动力配置过程中必然出现摩擦性失业现象,高学历劳动力市场也不例外。受职业技能、求职经验和摩擦性失业等因素的影响,青年人失业率较高是一种比较普遍的现象。大学毕业生作为新进入劳动力市场的青年劳动力的一部分,通常都不能100%就业。

2.专业结构设置不合理

大学生的就业已经市场化,但大学的专业设置并没有随着市场化的进程及时调整,致使毕业生专业结构与市场供求出现了错位,这已成为制约大学生就业的一个重要原因。高校扩招后,一些学校仍然沿袭传统的应试教育教学方式,培养出来的一些学生高分低能,不能适应用人单位的需要;一些大学的专业及课程设置没能以市场需求为导向进行规划,有较大盲目性;不少学校专业划分过细,培养出的毕业生知识面过窄,学习能力和适应能力较差;一些专业缺乏特色,应有的动手能力也不强,不适合用人单位的需求。

3.就业指导工作的欠缺

目前,毕业生就业信息系统和就业服务体系不完善,大学毕业生主要通过学校或人才市场举办招聘会等方式获得就业信息,与需求方见面,信息渠道比较窄,成功率比较低。

四、大学生就业问题解决方法

（一）保持积极的就业心态

首先，大学生要学会沉下心来发现和弥补自身的不足，加强自身的综合素质能力培养，提升自身的职业竞争力，同时强化学生思想引导，增强毕业生的责任意识和奉献精神，培养学生的奋斗精神和家国情怀。其次，大学生需保持积极良好的就业心态，积极参与就业竞争，总结经验，正确全面地认识自我，从困境中寻找出路，找准自身定位。最后，大学生应正确疏导就业压力，保持较强的心理抗逆力，可以采取自我静思法、自我转换法等方法。

1. 树立自信是关键

大学生应该把树立自信作为面向社会的关键，应该看到自身的优势。学历固然重要，但学历高未必见得是好事，社会需要应用型、技能型、适用型的人才，一些高学历的毕业生的学历优势还有可能转变成劣势。所以普通大学毕业生应树立信心，增强自信，不要盲目与人攀比学历，应更看重能力的培养、培训与提升，在就业的选择中，充分发挥自身的优势。

2. 遵循成才规律

成才立业是所有大学生的美好追求，但成才不仅仅是知识和技能的掌握，更重要的是学会如何做人。在面对就业竞争时，更应该务实求真、遵循成才规律，立志先从小事、平凡事做起，这不仅能较顺利地适应社会的需求，更能对你的人生之路起好导向作用。

3. 转变就业观念

目前，不同学历层次（研究生，本科生和专科生）之间的毕业生在就业形势上，表现出非常大的差异和不平衡。树立正确的择业观，"先就业，再择业"不失为最佳选择。大学生必须对自己的兴趣、心理、能力、价值观念等进行调整，把自己从"我想干什么"的一厢情愿转变到"我能干什么"的现实定位中。

在择业中，勇敢地推销自己，以自信、冷静的态度，扬长避短的比较，主动出击，突出介绍自己的闪光点和自己与众不同的地方，以赢得择业的最后胜利。

近年来，面临日益严峻的就业形势，大学生的就业观念必须适应市场对劳动力的需求。现在我们越来越清醒地认识到就业市场的竞争压力，大学生们的期望值都在适时地做调整，比如对收入、工作单位性质和环境等的预期，也越来越现实，不再奢望高薪、高福利了，也不计较单位是何种性质了。很多大学生每逢招聘会都去参加，每次参加招聘会，都会切合实际的调整就业目标和心理预期。他们都应该适应形势，改变就业观念，以后的路还很长，树立"先就业，后择业"的心态，抱定"可以到任何地方工作"的信念，求职道路就会越来越通畅，自己也就会主动去适应就业市场的需求。思路带来出路，"先就业、再择业"是当代大学生就业观念转变后出现的一个新趋势。在人才流动加快的今天，个人再就业选择的余地也很大，对于急需就业的毕业生来说，把这个选择的时机留给将来是比较现实的。

（二）拓宽就业服务渠道

在新形势下，网络求职和招聘已成为大学生主要的求职模式，用人单位和学生供需双方之间的选择和沟通也加快了"云就业"服务平台的构建。调动一切积极因素吸引招聘企业和单位，拓宽就业服务信息渠道，通过各种新媒体、海报、钉钉等方式推送国家最新的就业政策，为毕业生提供及时有效的就业服务信息。同时，进一步提升完善网络"云就业"服务平台，有计划、有组织地为企业和单位组织开展线上就业招聘，搭建就业双向选择平台，确保就业信息的真实性和可靠性，为求职就业的毕业生保驾护航。

（三）优化师资队伍建设

提升大学生职业生涯规划水平，专业化的师资是保障。一方面，组织培养一支专业能力强的就业指导教师队伍，让定期专业化的就业指导培训成为全校就业指导人员的必修课程，实现就业指导课程与社会职场多元信息的联动统一。另一方面，通过现有的课程教学模式改革，让课程尽量与网络和实践深入相结合，开展全面化和规范化的就业指导，帮助学生树立正确的价值观。学校—学院—班级—学生应构建层层联动模式，完善就业工作机制，发挥学院教师的力量，利用党员和校友的朋辈帮扶作用，增强校企联系，建立信息沟通渠道，形成全方位、全员化、多渠道的利好局面。同时，对建档立卡的贫困学生、身体残疾学生及心理问题学生等重点群体做好帮扶工作，积极引导和鼓励毕业生面向基层、到企业就业，来提升就业服务质量和毕业生就业质量。

第二节　大学生就业政策

一、国家政策

国家政策根据时间长度可大致分为中长期（五年以上的）、三年期和当年期的即当年度适用，一般在政府人社部、教育部等网站上可找到。

近年来的国家级就业政策根据就业导向可大致分为服务国家战略、基层就业和创新创业三部分，其中服务国家战略，是指鼓励毕业生到重点行业、重点领域就业，为社会发展贡献力量；而基层就业则是引导学生到中央基层、城乡社区、基层医疗机构等就业，走在第一线，服务大众；创新创业是利用互联网等新产业的蓬勃发展，发现新机遇、把握新科技，用创业带动高校毕业生就业。

国家层面的政策多具指导和规范意义，具体操作层面则以各省市地方政策为准。

二、各省人才政策

近年来，各省为了吸引大学生就业，出台了一系列人才政策，有些省市相关部门带队，每年深入高校进行宣传宣讲，或者在当地举办引才宣讲招聘会，将最新政策传递给毕业生以吸收人才到当地工作。

在浙江省人才服务平台网上，可以快速了解各类人才相关政策，如最近发布的《浙江省关于进一步做好非全日制研究生就业工作的通知》就是根据国家文件精神所作的地方性具体执行文本，为了将政策与操作密切连接在起，网站上设计了企业柔性引才匹配系统、简历投递、大学生实习等入口，快速高效地为入浙工作的毕业生提供便利。

随着粤港澳大湾区建设的展开，广东省随之制定发布了《粤港澳大湾区（内地）事业单位公开招聘港澳居民管理办法（试行）》，从广东省人才网上，可以轻松找到最新的省市政策，包括三支一扶、征兵、对博士生等特殊群体的政策和江门、湛江、东莞等市级引才政策。

此外，各省出台的大学生选调生政策，选取优秀毕业生到基层工作，是高素质公务员队伍的后备力量，有意从事公职人员的同学，可多关注各省组织部门发布的通知。

三、城市落户政策

部分地区制定有明确的落户政策，其中以北京和上海两市最具代表性，户籍和购房购车及子女教育有一定的相关性，是毕业生比较关心的问题。北京的落户政策是以积分为基础的，积分指标主要包括稳定就业、稳定居住、教育背景、纳税年龄、创新创业等九项指标。这种形式的落户政策是需要有在京工作和生活时长为背景的。

上海的落户政策中，除了类似于北京的积分类落户，还有很特殊的一项，即应届毕业生落户政策，这项政策通过毕业生学历、成绩、外语和计算机等级、所获奖项、入职单位的区域等给予不同的分数，当分数达到标准线后，即可申请上海户籍，此项政策，仅适用于应届毕业生，对毕业后想来上海工作的学生来说，无疑是个利好政策。

另外，如杭州、西安、深圳、成都等城市，也为应届毕业生提供了相对便捷的落户政策，这自然是吸引人才进入的有效方式。

四、高校就业政策

各高校承担了毕业生就业的第一线工作，多数高校都会根据本校的实际情况，制定促进就业的奖励政策。

据不完全统计，全国各普通高等院校平均制定三到五项就业促进政策，主要包括校级促就业政策、项目类就业政策和相关奖励政策。以华东师范大学为例，为帮助大学生树立正确的就业观念，引导毕业生到祖国最需要的地方建功立业，学校制定了《华东师范大学毕业生"服务贡献奖"奖励条例》，设立了毕业生"服务贡献奖"。

第二章 大学生就业准备

本章主要内容为大学生就业准备，首先论述了大学生就业的心理准备，包括就业中大学生常见的心理问题、诱发就业心理问题的主要因素以及大学生就业的心理调适；其次介绍了大学生就业的知识准备，包括学生就业的主要方向、大学生就业信息的获取、五险一金相关知识；最后，论述了大学生就业需要准备的材料。

第一节 大学生就业的心理准备

一、大学生就业中常见的心理问题

目前，由于就业形势的严峻性和就业市场的复杂性，许多大学生因就业压力过大，出现了各种心理问题，如自我认知障碍、情绪障碍等。

（一）自我认知障碍

1. 自卑心理

自卑心理主要表现为对自身的素质和就业竞争能力评价过低。有些大学生虽然在求职过程中具备一定的竞争优势，但自卑心理使得他们缺乏勇气和自信，不敢主动向用人单位推销自己，不敢主动参与就业竞争，从而陷入不战自败的困境之中。更严重的是，一旦中途遭遇困难和挫折，他们很容易打退堂鼓，认为自己确实不行，甚至放弃竞争。此外，有自卑心理的大学生在求职面试过程中往往不能很好地展现自我，他们常常畏首畏尾、紧张害怕，不敢或语无伦次地回答面试官提出的问题，从而与得之不易的工作机会失之交臂。

2. 自负心理

有自负心理的学生常常择业期望值很高，把较高的薪酬待遇作为选择标准，不愿承担艰苦的工作，不愿到基层和经济落后地区去工作。一旦产生自负心理，大学生们很容易脱离实际、眼高手低，其择业目标和现实往往形成巨大反差。他们会认为自己是科班出身的高级人才，所学的专业知识、综合能力都比一般的劳动者高出一筹，理所当然应该找个条件好、待遇高的就业岗位。但如果未能如愿，他们的情绪马上又会一落千丈，甚至产生失落、烦躁、抑郁等心理问题。

（二）情绪障碍

1. 焦虑心理

焦虑是一种出现紧张、不安，甚至恐惧情绪的心理障碍，多是由不能实现目标理想或不能避免某些危险引起的。大学生产生焦虑心理的原因主要有以下几个方面。

（1）缺乏对纷繁复杂的现实社会的理性认识，步入社会前产生了恐惧的心理。

（2）缺乏充分的就业准备，选择工作时犹豫不定，产生顾此失彼的彷徨心理。

（3）缺失择业方向和择业方法，始终不能顺利就业，因遭遇挫折产生焦虑心理。

过度的焦虑不仅会影响大学生的就业，而且会抑制他们的正常思维，导致其注意力难以集中，记忆力明显减退，从而无法正常学习和生活。

2. 抑郁心理

在大学生求职过程中，可能会因为不被用人单位认可和接受而情绪低落，愁眉不展。这些大学生不仅会表现出信心不足、过度敏感的状态，还会因为生活中的不顺心而感到苦闷，甚至抑郁和绝望。

3. 患得患失的心理

具有患得患失心理障碍的大学生会使人觉得他们心性未定，不知道自己要什么，也不知道什么对自己才是最重要的。因此，他们常常陷入择业误区，不能把握好机遇，容易失去工作机会。

（三）其他心理障碍或问题

1. 从众心理

从众心理是指大学生在求职择业时因"跟着感觉走"而盲目从众。一般来说，能力中等和潜能没得到发挥的大学生易产生从众心理。产生从众心理的通常不能正视择业的客观环境和自己的素质层次，处于盲目、徘徊状态。

2. 依赖心理

依赖心理是指大学生在择业中缺乏独立意识和自主承担责任的意识。形成依赖心理的原因主要是个人独立决策能力不强，缺乏进取精神。

有依赖心理的在择业时，或表现为不主动出击，消极逃避就业市场，抱着"等、靠、要"的思想，期望家人通过社会关系实现就业；或试图坐等就业，幻想着老师、学校送工作上门，幻想天上掉馅饼；或向千里之外的家长寻求决策。即便有就业选择机会，他们也对工作左顾右盼拿不定主意，以致贻误择业时机。

3. 攀比心理

在就业过程中，由于每个大学生的生活环境、家庭背景、能力、性格及机遇不同，因此，在确定择业目标时，每个大学生都有其特殊性，不具有可比性，现实中，不少大学生喜欢争强好胜，虚荣心较强，产生了攀比心理。例如，在择业过程中，一些大学生忽视自身特点，对自我缺乏客观正确的分析，不从自身实际出发，考虑所选单位是否适合自己，而是盲目攀比，不屑于到基层工作，总想找一份超越别人的十全十美的工作。

二、诱发就业心理问题的主要因素

（一）社会因素

高校的连年扩招，造成了毕业生数量的急剧膨胀，加剧了"僧多粥少"局面；企业下岗人员再就业、机构改革分流人员、农村富余劳动力进城等社会现状，使得毕业生就业竞争更加激烈；由于国内就业存在着东西部差距和城乡差距，加之一些单位追求人才"高消费"，使得就业形势更加严峻。

此外，由于用人制度的不完善，使得部分用人单位在招聘时出现了拼关系、走后门等不正之风，从而影响了大学生就业的公平竞争。例如，一些能力差的学生凭借关系就能获得好单位中的好工作，而优秀的学生却不能优先就业。这些现实存在的社会因素影响了大学生的就业领域和就业公平，造成了部分大学生心理上的失衡，从而产生了就业心理问题。

（二）学校因素

一方面，当前大学生在择业过程中产生的心理问题与很多院校教育质量不高有密切的联系。知识不够用、能力不足是导致大学生择业产生自卑和焦虑的主要原因。另一方面，即使有些院校已开始对学生就业进行指导，这些指导也大多是毕业前的临时指导，没有形成职业规划和职业生涯设计的体系。因此，由于学校的就业指导工作明显滞后于学生就业心理的发展变化，从而导致大学生就业心理问题层出不穷。

（三）家庭因素

由于受中国传统思想的影响，导致很多家庭对子女所寄的期望过高，希望他们毕业后能到收入较高的单位或经济发达地区工作，能光宗耀祖，从而给大学生择业带来了巨大的心理压力。

（四）自身因素

人与人之间存在着个体差异，在大学生择业过程中，其个体差异主要表现在性格、能力和自我认识等方面。例如，对于能力较强的学生，虽然大部分学生在择业时呈现出自信、积极、勇于竞争的心理状态，可以对职业目标及实现手段做出最佳选择，但也有部分学生呈现出自视甚高，甚至自傲的心理问题；对于能力较弱的学生，由于受到自身能力薄弱和就业压力的影响，很多学生都呈现出消极、等待、退缩等心理问题，只有少部分学生能做到虚心认识自己的不足，基于自身的现实条件去择业。

三、大学生就业心理调适

（一）保持正确的就业心态

目前，大学生的就业形势非常严峻、就业压力较大。虽然大环境很难改变，但如果每个人都能充分地发挥出自己的主观能动性，保持正确的就业心态，用平常心去认清自我，摆正位置，这样才能以放眼未来的心态和脚踏实地的态度，在激烈的求职中，淡然处之求职过程中的失败。

如果，面对就业，大学生不能冷静地分析就业形势，不能泰然地面对就业竞争，不能乐观地摆脱就业挫折，将在一定程度上影响大学生的就业。因此，要想找到一份真正适合自己的工作，正确的就业心态非常重要。

正确认识自我是保持正确就业心态的前提。心理学研究表明，"人的心理困惑和障碍都是由于不认知引起的，一个人对自己的认识越是与自身实际相符合，这个人的心理健康水平就越高；反之，不能对自己做出客观评价和认识的人，越不能认识自我，调整自我，对他人的防御越多，对社会的适应能力就越差"。正确认识自我，首先要正视自己的现实状况，包括要做到正确认识和评价自己，正确分析自己的职业兴趣、职业能力、性格气质，分析自己的优势和劣势，为自己选择适合的职业提供依据。正确认识自己除了要正确分析自己的方方面面，还要正确认识自己所面对的现实。另外，大学生还应该认识到我国的就业机制不完善，就业市场还不规范，就业中的不公平竞争还存在等现实情况，以一种平常的心态对待现实中的得与失。

（二）确立合理的就业目标

确立就业目标是就业成功的第一步。在确立就业目标的时候，应先考"我能干什么"，即认真客观地分析自己的兴趣特长、性格气质、能力水平等，然后才是"我想干什么"。根据自己的就业条件确立合理的就业目标，这个目标既不能太低，也不能太高，把握好就业期望值得"度"。要想把握好这个"度"，还要正确认识当前的就业形势，考虑自己所学的专业和理想职业在社会上的需求量如何，竞争强度如何；自己的理想职业与专业是否相符，如果不符合，该如何弥补；将要去求职的单位对职者有何具体要求等，综合考虑以上因素，确立就业目标，就会比较符合实际，可以避免过高的心理预期值，确立合理的就业目标应该注意以下两点。

（1）克服图虚荣、图享受、图安逸的思想倾向。很多大学生在选择职业前不顾自己的条件和社会的现实，一心只想找一份"让人羡慕的工作"，结果却是，要么因超越现实而败北，要么在得到工作之后才发现自己无法胜任。这种贪图的心态显然是不可取的。

（2）防止期望值过高。大学生就业存在的期望值问题通常是期望值过高，常常因为期望值过高在就业的道路上功败垂成。确立合适的期望值就要清晰地分析自己，明确文凭不等于能力，理论和实践的水平不是完全一致的。虚心学习，采他人之长，补己之短，把远大的理想落实在从基层做起的一个个脚印之中。

（三）树立就业的自信心

"世上只有没能获得成功的人，没有不能获得成功的人。"自信心是一个人格健全的人必须具备的心理素质，这意味着一个人前进的动力，对待生活的信心，事业成功的保障。自信是对自己的一种积极评价，大学生要相信自己具备某项职业所要求的条件，鼓足勇气，参与竞争，不要面对就业就患得患失，忧心忡忡，无法适应。

自信不是盲目的自负、自傲。对就业的自信是以充分的就业准备为基础的。树立自信的最根本途径是提高自己的能力水平。自信心并非短时间内所能树立的，大学生只有搞好学业，发展特长，全面提高自己的综合素质，面对就业时才可能信心十足。

（四）提高抗挫折的能力

就业过程中的挫折是每个学生都可能面对的问题，提高抗挫折能力，正确看待就业中的困难和失败是培养健康心理的重要环节。

（1）要对可能遇到的困难和挫折有一定的预见性。在就业竞争中，困难和失败是在所难免的，尤其在就业的负性环境因素增多，大学生自身心理素质还存在很多不完善之处的情况下，就业中遇到挫折是很正常的事。有些同学遇到挫折就感到脸上无光，感到心灰意冷，产生自暴自弃的念头，这正是心理承受能力差的表现。

（2）对在就业过程中遇到的困难和失败认真分析，总结经验教训，失败是成功之母。青年人应把挫折当作锻炼意志，增强能力的机会。遇到挫折后要放下包袱，仔细寻找失败的原因，根据实际情况的变化，调整自己的就业目标和就业心态，增强对形势变化的适应性，争取新的机会。

（3）培养坚强的个性。一个人在事业上能否取得成功，不仅取决于能力的大小、环境的优劣，更主要的是，是否具备坚定的信念和坚强的意志力。

（4）合理宣泄，发泄不良情绪。择业过程中的挫折会产生焦虑、恐惧、自卑等不良心理状况，容易导致情绪问题。这种情况下，如果不进行合理的疏导和宣泄，将会给大学生身心健康带来极坏的影响。

就业是一项艰巨的任务，不可能一步到位、一蹴而就的。就业中困难和失败是很正常的事情。大学生应该正确面对这些挫折，培养自己的耐挫折能力。在就业过程中客观分析，以积极、健康的精神状态应对变化多端的人才市场，在就业中把握主动权，获得最后的成功。

第二节　大学生就业的知识准备

一、大学生就业的主要方向

（一）报考公务员

在我国，公务员制度随着我国人事制度改革的推进而不断发展变化。在党的十三大报告中，首次正式使用"公务员"一词，报告指出建立公务员制度是当前干部人事制度改革的重点。1993年10月1日，我国国家公务员制度随着《国家公务员暂行条例》的颁布正式诞生，"公务员"首次成为法律术语。

2006年1月1日起施行的《中华人民共和国公务员法》，对公务员的定义做出明确规定。公务员是指"依法履行公职、纳入国家行政编制，由国家财政担负工资福利的工作人员"。

自1994年以来，国家公务员系统逐渐面向全社会公开招考，公务员的考录、管理逐渐公开化、规范化、法制化。公务员考试的热度也随之逐年攀升，尤其是近十年来，各种级别的公务员考试人数和录取比例更是连创纪录。据统计，在2009年国家公务员考试报名人数突破100万人后，公务员考试报名人数始终居高不下。从最终录取比例看，低的为几十取一，高的达到万中取一，可见其竞争激烈程度。

在公务员考试的人员构成中，大学生群体无疑是主力军。在就业竞争压力增大和相对公平的公务员录用制度的双重影响下，越来越多的大学生选择报考公务员，试图通过考试来实现自己的职业梦想。

（二）报考事业单位

事业单位考试又称事业编制考试，这项工作由各用人单位的人事部门委托省级和地级市的人事厅局所属人事考试中心负责，具体包括考试命题，组织报名、考试并将成绩单提交用人单位。不过，这项考试尚无全国和省、市级统一招考，多为县处级单位统一招考。所谓事业单位，是指国家设置的带有一定公益性质的机构，如学校、医院、文化团体等，但事业单位不属于政府机构。一般情况下，国家会对这些事业单位予以一定的财政补助，分为全额拨款事业单位（如学校）、差额拨款事业单位（如医院）。还有一种是自主事业单位，是国家不拨款的事业单位。

事业单位的特点是稳定性较好，待遇与公务员相当，但考试的难度要小一些。因此不少人在报考公务员未果的情况下，会选择报考事业单位。

（三）报考教师

由于教师社会地位高，工作稳定，因而成为很多女生希望从事的职业。不过，要想成为一名合格的教师，考取教师资格证书只是最基本的要求。要想真正成为一名在编教师，还必须要考取编制。

教师招聘考试或入编考试指的是，已获得教师资格证的人进行的竞争上岗考试。教师招聘考试全国没有统一的考试形式和考试大纲，部分省份实行全省统一考试，但是大部分省份还是由区县教育局和人事局统一组织招聘考试。考试形式一般分为笔试和面试，有些地区直接笔试，无须面试。

（四）进入国有企业

国有企业作为我国经济的中流砥柱，具有待遇好、工作稳定等特点，因此，进入国有企业也是一个不错的选择。另外，国家为了解决应届毕业生的就业问题，每年都会给国企些招收应届毕业生的指标。

（五）进入民营企业

随着民营企业发展速度的加快，一大批民营企业的实力越来越强，管理越来越规范，待遇也越来越好。因此，到民企求职早已不再是"屈尊"，越来越多的应聘者开始加入民营企业，希望在民营企业里大展宏图。

（六）考研

随着经济的发展和科技的进步，各行各业对人才的要求越来越高，因此，考研不失为较好的选择。另外，通过考研还可以改变专业，或者通过考取一些知名院校的研究生，来加强自己在未来就业市场上的竞争力。

（七）出国留学

随着出国成本的降低，签证更容易取得，使得出国留学不再是遥不可及的奢侈品，如今大学生出国已呈现平民化的趋势，留学已然成为不少大学生未来发展的选项之一。如果准备出国留学，要注意如下几点。

（1）争取在大学期间获得良好的学习成绩。

（2）加强英语学习，根据希望留学的国家和学校要求，选择合适的语言考试，如托福、GRE、雅思等。

（3）锻炼自己的综合能力，如通过担任班干部或学生会干部，锻炼自己的人际交往能力和处理问题的能力。

（4）可以参加一些学科竞赛，从而强化自身优势。

（八）自主创业

在"大众创业、万众创新"的国家战略背景下，高校大学生掀起了自主创业的浪潮。不过，大学生在选择自主创业时应注意：（1）由于创业压力大，要求高，因此，创业者应具备良好的心理素质、业务素质和管理能力；（2）应对自己的创业方向及内容有清晰的定位；（3）应提前对身边的资源进行整合；（4）应了解国家、地方及学校等对于大学生自主创业的各项帮扶政策。

（九）应征入伍

高校大学生应征入伍是加速国防和军队现代化建设，推进实施人才强军、科技强军的重大举措，对提高兵员质量，选拔和培养士官、军官队伍具有重大意义。大学生入伍是指部队每年从在校大学生和大学毕业生中招收义务兵，报名流程主要包括网上登记、初审初检、体检政审、走访调查、预定新兵、张榜公示、批准入伍。高校毕业生应征入伍服义务兵役，除享有优先报名应征、优先体检政审、优先审批定兵、优先安排使用"四个优先"政策，家庭按规定享受军属待遇外，还享受优先选拔使用、学费补偿和国家助学贷款代偿、退役后考学升学优先等政策。

（十）到基层去

2020 年 3 月 16 日，人社部印发《关于应对新冠肺炎疫情影响做好事业单位公开招聘高校毕业生工作的通知》，表示将加大事业单位面向高校毕业生的公开招聘力度，鼓励和引导高校毕业生到艰苦边远地区基层事业单位工作。那么，对于应届生来说，有哪些服务基层项目可以报名呢？

1. 选调生

各级组织部门有计划地从高等院校选调品学兼优的应届大学本科以上毕业生到基层工作，作为各级党政领导干部后备人选和县级以上党政机关高素质工作人员人选进行重点培养。这批毕业生简称"选调生"，他们不仅具有国家公务员身份，还是重点培养的党政领导干部后备人选，可以说是"储备干部"。

2. 大学生村官

各级组织部门筛选大学专科以上学历应届或往届毕业生，担任村党组织书记、村委会主任助理或其他"两委"职务的工作者，称为"大学生村官"。选拔大学生村官的根本目的是培养熟悉农村情况，经过艰苦环境磨炼的党政干部后备人才和能够带头创业、带领群众共同创业致富的新农村建设的骨干力量，同时着眼于加强农村基层组织建设，优化党政干部队伍来源结构，夯实党的执政政治基础和组织基础。

3. 三支一扶

大学生毕业后到农村基层从事支教、支农、支医和扶贫工作，促进农村基层社会事业发展，简称"三支一扶"。"三支一扶"计划由人力资源和社会保障部牵头，省区市人事教育部门组织实施，其政策依据是《关于组织开展高校毕业生到农村基层从事支教、支农、支医和扶贫工作的通知》。对于"三支一扶"人员，总原则是自愿服务、期满自主择业，其服务期为 2 到 3 年。期满后事业单位拿出一定职位专门聘用，报考研究生、公务员加分并优先录用。

二、大学生就业信息获取

（一）就业信息的筛选和运用

1. 就业信息的筛选

毕业生获取到的信息需要经过认真细致的处理才能够更好地发挥作用。如果在求职中，由于时间紧，压力大，获取的信息没有经过分析、筛选和处理，可能反而会给求职者带来负面的效应。

面对收集到的信息，首先要去伪存真，筛选有效、有价值的信息，确保信息的真实性和有效性。关键是要善于对比，将与自己有关的信息进行重点排序，分清主次，如家里提交的时限、面试时间要求等。同时要注重寻根究底，了解透彻，能对目标单位有个较为整体的认识，可以在面试中与用人单位拉近距离，脱颖而出，使面试官能够切身体会到你进入单位的迫切程度。最后，要对收集的信息进行归纳和汇总，对于重要的信息进行求证，确保信息真实有效。建立表格对信息进行登记，防止信息遗漏，便于随时查阅。

2. 就业信息的运用

毕业生要运用就业信息寻找到适合自己的工作单位或工作岗位，还应掌握就业信息的运用。

（1）弥补不足。运用自己收集的就业信息，对比个人实际情况，寻找差距，弥补不足。对于自己的短板，若时间允许，就应在就业前通过学习实践不断充实完善自己的知识水平和实践能力，调整自己的能力水平和求职心态。如某门功课不扎实、某些技能有欠缺等，都应尽可能地通过学习和培训来提升。尽管这样的做法在就业前显得时间仓促，但明知自己有短板却无动于衷，我行我素，必将对自己的求职带来不利影响。

（2）适时运用。毕业生收集处理就业信息的目的是为自己的求职服务。因此，就业目标信息一经确定，就要不失时机地与用人单位主管或经办人取得联系，询问投递简历或面试的方式、时间、地点和要求，并根据用人单位的需求去调整、充实与完善个人的相关材料，积极争取，按要求参加招聘，赢取理想的工作岗位。

（3）信息共享。毕业生收集的有些就业信息对自己没有用，但对别人可能十分重要。遇到这种情况，要在有效期内与他人分享。这既可避免就业信息的失效与浪费，又可为他人提供有价值信息，增强人际交往，建立或扩大自己的人脉网络，甚至还有可能通过交流合作，从他人手里获得对自己十分有益的就业信息。

（二）就业信息搜集的渠道

就业信息是指就业过程中和职业、工作、岗位相关的一切内容及其载体。就业信息是大学生求职过程中最具价值的内容。当下，大多数大学生获得的就业信息来自网站，但信息繁复多样，且一些用人单位在发布的内容上，缺乏规范和细节处理，也造成了获取和甄别的困难。在我们求职过程中如何能够通过不同的渠道获得尽量丰富且有针对性的信息，并能甄别内容上的真假呢？

目前，大学生就业信息的搜集渠道主要有各高校的就业指导中心，校园宣讲会，人才交流会，互联网，新闻媒体，社会实践和毕业实习，各种社会关系等。

1. 大学生就业指导中心

一般来说，为了帮助大学生更好地就业，各高校都会设立大学生就业指导中心或类似机构。该机构与地方就业相关主管部门以及社会各界都有广泛而密切的联系，因此，它是高校毕业生求职的一个重要渠道，通过该渠道获取的就业信息针对性和准确性都比较强。通常，学校的大学生就业指导中心都有相对固定的企业信息发布渠道，毕业生可以按照学校的指导定期浏览学校的就业信息网、就业信息发布栏等。此外，毕业生也可通过参加学校组织的人才交流会或者校园招聘会获取相关企业的招聘信息。

2. 校园宣讲会

求职季节，很多知名企业都会到大学举办宣讲会。所谓宣讲会，就是企事业单位在校园开设与招聘相关的主题讲座，向招聘对象传达企业的基本情况、企业文化及校园招聘职位等。毕业生可以提前准备好简历，以便在宣讲会上投递。

3. 人才交流会

为了帮助大学生更好地就业，各级地方政府专门设立了大学毕业生就业指导机构（比如各区县人才交流中心、人才促进中心或人才市场等），并在毕业生就业的高峰期举办各种类型、各种层次的人才交流会。人才交流中心的一个主要任务就是收集、发布人才供求信息，传递人才余缺信息，办理人才登记和推荐，为单位招聘人才做好服务工作。

4. 互联网

互联网作为一种重要的信息交流工具，为大学生提供了获取招聘职位和企业信息等相关信息的便捷渠道。利用互联网获取就业信息的方式主要有以下几种。

（1）各类专门的网络招聘网站，如智联招聘网、应届生求职网、中华英才网、猎聘网、51job 等。

（2）大多数大中型企业都有自己的网站，用于发布企业基本信息、商品供求信息和人才招聘信息等。大家一方面可以通过企业网站了解企业的基本情况，另一方面可以通过企业网站了解该企业的人才招聘情况。

（3）各地的人才交流中心或人才市场都有自己专门的网站，如 21 世纪人才网等，这些网站也会即时发布各类招聘信息。

5. 新闻媒体

新闻媒体主要是指报刊、广播电视等传统媒体。现在很多电视台都有现场招聘节目，同时报纸等纸质传媒也有自己的招聘专栏。

6. 社会实践和毕业实习

社会实践包括以锻炼自我、服务社会为目的的社会实践、毕业实习，以及专门以了解用人单位为目的的到企业参观访问等活动。这些都为学生更好地适应企业需求搭建了桥梁，既为用人单位提前培训了员工，又增强了毕业生的就业竞争力。同时，毕业生也可在实习中了解本企业和相关企业的各种信息，从而全面认识企业。目前，对于一些著名的外企和国有大型企业来说，实习生已逐步成为他们培养和招聘员工的一个重要途径。

7. 各类社会关系

各类社会关系包括家人、亲友、教师、校友等。毕业生善用这些信息交流的纽带，与老师、同学和朋友们相互交流就业信息，对于个人择业会有较大的帮助。

另外，学校老师也会根据企业招聘的岗位需求和学生综合素质的契合度来对毕业生进行推荐。除此之外，还有一小部分学生会选择自己感兴趣的企业，主动上门推销自己。

三、五险一金相关知识

（一）五险一金的概念

所谓五险一金是国家要求企业必须要给员工缴纳的养老保险、医疗保险、失业保险、工伤保险、生育保险和住房公积金，简称"五险一金"。五个保险统称为社会保险，但 2019 年 3 月 25 日，《国务院办公厅关于全面推进生育保险和职工基本医疗保险合并实施的意见》发布，"参加职工基本医疗保险的在职职工同步参加生育保险，生育保险基金并入职工基本医疗保险基金，统一征缴，同时确保职工生育期间的生育保险待遇不变"，也就是我们常说的五险一金合并为四险一金了，不过为了便于理解在这里将其独立出来讲解。所以五险一金就是我们常说的社保和公积金。

我们从学校到职场，只身闯荡社会，难免会面对生病住院、租房买房，结婚生子、意外受伤、跳槽失业到年老退休。作为一个独立的社会人，需要承担的风险甚高，仅靠我们一己之力还是势单力薄，所以国家通过法律规定企业必须给员工缴纳五险一金从养老、医疗、住房、生育、工伤和失业六个方面为我们保驾护航，用整个社会保险体系为我们规避了基础风险，伴随我们整个职业生涯。作为职场新人很有必要逐一了解下五险一金。

1. 养老保险

养老保险，顾名思义就是为了解决大部分人的基础养老问题而产生的。过去中国靠养儿防老，随着社会发展，单纯地靠家庭养老的方式已然满足不了现实的养老需要，它可以在我们退出劳动岗位后保障老年人的基本生活需求，为其提供稳定可靠的生活来源。

2. 医疗保险

这里的医疗保险一般指基本医疗保险，是为了补偿疾病所带来的医疗费用的一种保险。通过用人单位与个人缴费，建立医疗保险基金，参保人员患病就诊发生医疗费用后，由医疗保险机构对其给予一定的经济补偿。基本医疗保险制度的建立和实施集聚了单位和社会成员的经济力量，再加上政府的资助，可以使患病的社会成员从社会获得必要的物资帮助，减轻医疗费用负担，防止患病的社会成员"因病致贫"。

3. 生育保险

生育保险即当劳动者因生育子女而导致劳动力暂时中断时，由国家和社会及时提供医疗服务、生育津贴和产假。其宗旨在于通过向职业妇女提供生育津贴、医疗服务和产假，帮助他们恢复劳动能力，重返工作岗位。凡是与用人单位建立了劳动关系的职工，包括男职工，都应当参加生育保险。

4. 工伤保险

生活处处有风险，工伤保险就是当劳动者在工作中或在规定的特殊情况下，遭受意外伤害或患职业病导致暂时或永久丧失劳动能力以及死亡时，保障劳动者或其遗属从国家和社会获得一定的物质帮助。

5. 失业保险

现在已经不是一个工作干一辈子的时代了，职场的竞争压力大，末位淘汰、企业优化，有时干着干着不小心从业人员变成了待业人员，又要开始新一轮找工作。这时候失业保险就可以发挥作用了，它是由社会集中建立基金，对因失业而暂时中断生活来源的劳动者提供物质帮助进而保障失业人员失业期间的基本生活，促进其再就业的制度。

6. 住房公积金

住房问题一直是中国人面前的一座大山，住房公积金制度是一种住房保障制度，是住房分配货币化的一种形式，它是指国家机关和事业单位、国有企业、城镇集体企业、外商投资企业、城镇私营企业及其他城镇企业、事业单位、民办非企业单位、社会团体及其在职职工，对等缴存的长期住房储蓄。

（二）五险一金断缴的影响

从初入职场到退休，极少人会一份工作做到老，据统计现代人一生可能要从事 5~7 份工作，大部分人还会遇到跳槽、失业、再择业、继续深造等情形，这势必会影响到五险一金连续的缴纳，如果五险一金断缴了会有什么影响呢？

养老保险断缴，涉及的影响可能有两点：一是因为缴费年限和缴费额的减少而降低退休待遇、有的缴费年限不满 15 年的，将失去按月领取养老金的资格，但只要累计缴纳满 15 年，退休后就可以享受相应待遇，当然只有缴纳越多，才会领得更多；二是影响再就业，如果养老保险关系不及时接转，那么新的就业单位将不能及时为你续养老保险费，这就损害了自己的社会保险权益。

医疗保险断缴，这可能是五险一金中对个人影响最大的：一是如果医保断缴，次月 1 日起就不能享受基本医疗的统筹支付和相关医疗补助。如果个人账户还有余额的话，可以继续在门诊或者药店使用。如果这个时间刚好生病了，所有的医疗费用就需要自己承担，重特大疾病补充医保也将不予支付，但如果重新续上去的话，就可以继续享受医保待遇；二是断缴医保三个月，连续缴费年限会被清零，需要重新开始计算，但累计缴费年限不清零；三是影响退休后能否终生享用，想要退休之后仍然可以医疗报销，那就要求女性缴纳医疗保险累计满 20 年、男性累计满 25 年才可以，若断缴时间过长则影响总累计时长；四是买房买车，积分入户，有些城市规定非本地户口买房买车、积分入户需连续缴纳社保满一定的年限，一旦断缴就需要重新开始计算；五是商业医疗险保费上涨，市面上的百万医疗险大多分为两个版本，一种适合有医保的人购买，价格相对便宜，另一种适合没有医保的人，价格要贵不少。

生育保险断缴，则次月生育医疗的统筹支付和补助就不能享受，且很多地区都要求连续缴满1年才可以享受生育保险福利，如果中途断缴就无法享受福利了。生育保险是夫妻二人只要有一个人连续缴纳满一年，就可以享受，但依靠有单位缴纳生育险的丈夫在其单位报销，金额相对就比较少。

工伤保险断缴，影响相对较小，它是即交即用，只要你缴纳了就可以享受相关待遇，断缴期间待遇作废，重新缴纳可以继续享用。

失业保险断缴，失业保险的缴费年限将暂停累计，须等到下次参保缴费以后，才会继续累计。未累计缴满1年，失业后是无法领取失业金的。失业保险断缴人员与未断缴的人员相比，失业后领取失业金的最长期限可能会减少，每个月能领到的失业金也会减少。

住房公积金断缴，影响相对较小，只要在未来一年内不着急贷款买房的话。主要有两个方面的影响：一是影响住房公积金贷款，申请公积金贷款买房，一般要求有连续缴纳公积金的记录，具体每个城市的要求会有点不一样；二是如果刚获批公积金就断缴，可能被认定为骗取福利，导致公积金被追回或者执行商业贷款利息。

（三）离职后五险一金的处理

职工在辞职或被辞职后一定要注意社保问题，不要出现断缴的情况。那么，离职后五险一金该怎么办呢？离职的不同情况中如何保证五险一金缴纳的连续性？如何将五险一金转到新的单位？我们可以分以下三种情况进行讨论。

第一，如果在离职的空档期，还没有找到新的工作，可以去当地社保局自行缴纳，费用全部由自己承担，目前可以自行缴纳的养老保险和医疗保险，但医疗保险和计划生育险合并办法实施后，凡是缴纳了医疗保险的人，生孩子住院时的医疗费用、生育补贴都能享受，相当于缴纳生育险。工伤保险和失业保险则不用缴纳，因为不存在用人单位也就没有办法参加工伤保险和失业保险。

第二，离职后新工作在同一城市，这个对于社保影响不大，只需要把社保转移到新的公司重新接上就可以。值得注意的是大部分公司的社保缴费日是每月15号，所以为了避免出现断缴，最好在交完当月社保后离职，并且让新公司尽快续上。

第三，离职后的新工作跨省市则需要办理社保迁移。一般流程为职工登录社保局官网，提交转出申请，申请通过后，去社保局打印《参保缴费凭证》，将《参保缴费凭证》交给新单位。每个城市办理社保转入的流程和所需资料会略有不同，具体可以咨询社保热线 12333。

第三节　大学生就业的材料准备

求职过程中，简历是大学生获得面试机会的重要工具。简历就好比说明书让用人单位了解你，认同你，反映毕业生的学习、成绩、工作、求职意愿等情况。简历就是你自己的一份广告！能把自己成功推销出去的广告！好的简历能让你脱颖而出！

一、简历基础知识

个人简历是自己生活、学习、工作、经历、成绩的概括。个人简历的真正目的是为了让用人单位全面了解自己，符合用人单位岗位招聘要求，从而为自己赢得面试的机会，最终达到就业的目的。

（一）简历的定义

简历是用于应聘的书面交流材料，它向未来的雇主表明你拥有能够满足特定工作要求的技能、态度、资质和资信。

（二）简历的基本内容

一般来讲，以求职应征为目的的简历都强调"针对性"，即针对职业选择来确定简历内容。因此，简历中除了不可或缺的基本要素，还需要做到因时制宜，根据实际的岗位情况添加其他要素。那么，简历有哪些基本要素呢？其他要素又是什么呢？

所谓基本要素，也就是简历向用人单位传达的个人基本信息，包括求职者的个人资料、教育背景、工作经历等。这些包括姓名、年龄在内的基本要素，旨在使得用人单位对求职者做出基本的了解。而其他要素，则需要根据岗位要求，提及个人的求职目标、所受培训、掌握技能或是实际成就等。这部分内容的选择对求职者的职业规划能力和自身评估程度有一定的考验。因为不同的岗位和不同性质的工作对求职者有不同的要求，如果在简历的其他要素上毫无取舍，一味堆砌，以同样的烦琐内容去应聘不同的岗位，往往会埋没自身优势，失去简历的竞争性。

因此，取舍的标准，不只是看内容精练与否，还在于选取的要素是否有针对性和突出优势，是否有利于求职成功。

此外，还应该注意的一点是，不能为了突出竞争力而在简历中自吹自擂。简历不仅需要简洁、有针对性的内容，而且还要客观的陈述。用人单位希望从客观、实际的描述中去了解求职者，而不是在简历中看到一个虚构的"完人"。一般来说，内容的选取要从实际情况出发，必要时则尽可能全面展示，多一个因素则多一分机遇；但切忌画蛇添足，乱设项目，以免因过于烦琐造成负面影响。尽管简历中提供的信息由求职者自己决定，但也有一些作为"标配"的基本要素，以下从六个方面来罗列这些要素。

1. 个人信息介绍

这部分主要指求职者的姓名及联系方式，主要作用是方便 HR 知道简历是谁的，如果有意向则能够联系。个人信息内容应该简单、直观、清晰，不要有多余的信息。必有的信息包括姓名、联系方式，可选的信息包括性别、年龄、政治面貌、籍贯、民族、照片等。

2. 求职意向

求职意向，跟所应聘的职位是一致的，一般是一份简历只投一个单位的一个岗位。求职意向的填写应该做到语言简练、概括性强，避免含糊笼统。求职意向应该包括具备的能力和技能，想要寻找什么样的职位，要体现出你能为雇主做些什么。

3. 教育背景

教育背景是求职者知识技能的集中体现，可以按时间顺序对毕业院校、所学专业、学位、学历，以及与所求岗位有直接相关的学习科目等情况做出说明。此外，本专业之外掌握的与职业目标相关的知识技能也可以进一步加以阐述，如专题的培训经历等。大学以前高中阶段、初中阶段的经历一般不写，但是如果有获得特别的奖励或者与众不同的经历，也可以写上，如数学奥林匹克竞赛或者高考状元之类的。

4. 工作实习经历

工作经历往往能影响得到面试机会的概率，因此要突出工作实践中所取得的经验和成就。如果校外工作经验较少，则可以强调校内的实践、社团活动等。还可以适当地提及个人特长及爱好所取得的成就，这些内容主要是向用人单位展示个人的社会表现、社会活动能力以及社会认可情况，但也要遵循岗位针对性这一原则，不可泛泛而谈。

这部分一般来说是重点内容，但是本科应届生往往不知道该如何填写。如果已有工作实习经历与招聘要求相吻合的话，那通过简历筛选的概率将很大。

5. 奖励情况

个人能力和成就的直观展现区。主要罗列真实且有含金量的奖项、相关领域内专业人士的评价等。能够帮助用人单位推测求职者的能力水平，并提高简历的说服力。同样地，所述奖项和评价都要为职业目标所服务，避免连篇累牍、杂乱无章地堆砌荣誉，营造"完人"形象。在描写奖励情况时，应特别强调奖励的级别或特殊性，最好是能够将获奖励的难度以数字或者获奖范围表述出来。对于奖励的描述，最好分类汇总，不要简单按照时间的顺序罗列，有重点、有删除。

6. 自我评价

这是对自身良好个性品质的总结。如学习能力、沟通能力、解决问题能力或创造精神、合作精神等，还包括对个人性格的描述如热忱敬业、真诚可靠等。但自我评价不该一味地使用大段描述性语句，而要对个人能力进行高度总结，集中展示特长和职业兴趣，避免写成千篇一律的套话空话。不宜写得太多，两三项即可。自我评价除非用人单位要求填写，否则不建议在简历中进行自我评价。往往大学生在自我评价部分过于主观，或许会引起 HR 的反感。如果用人单位明确要求填写自我评价，可以结合职务要求，分别用一句话来表述自己的能力素质。

（三）简历的作用与重要性

1. 作用

在应聘前，求职者一般被要求准备好一份内容上具有针对性、行文上符合逻辑规范的简历，以此作为求职过程中的"敲门砖"。

然而，这并不意味着投了一份好的简历就能获得工作。我们要明白，在当今的职场中几乎少有仅凭借一份简历就确定雇佣关系的情况。在确定录用与否之前，用人单位往往要通过面试的手段来证实简历之中的内容，以考察求职者能否真实胜任岗位工作。也就是说，简历是用人单位与求职者之间的交流载体，它可以架起互动的桥梁，也是获得面试机会的前提。

简而言之，简历最大作用在于说服用人单位——你，就是最适合这个岗位的人。

2. 重要性

（1）简历是一块"敲门砖"。用人单位查阅简历就是一场大型海选。通常来说，首轮筛选中一份简历的过目时间只有短短十到十五秒。高比例的刷简历情况往往会造成一定的"误伤"，这也侧面说明一份合格的简历需要通过不断打磨，要能给人留下强烈的第一印象。出色或成功的个人简历，最重要的作用就是能让简历审查者产生面试求职者的想法，因为求职者传递出的信息正是用人单位所寻找的。

（2）简历是用人单位的"定音锤"。简历的制作要以用人单位的需求为首要条件。它就像一份销售文件，力求突出求职者的优势、成就和水平。同时，求职者也需要通过简历向用人单位展示出自身对于岗位需求的了解，并证明自身的价值以及能够在岗位上创造的效益。

在面试前，简历是用人单位决定面试人选的依据；在面试时，简历又作为用人单位的"采访提纲"用以对求职者做出考核。因此，简历中的内容选取要遵循简洁、真实、契合的原则。某些别出心裁的自我表达，或许能带来出其不意的惊喜，但大多数时候，一般建议求职者在简历描写时以稳妥为主。只有简历上的每句表达都经过深思熟虑，并将其了然于心，面试时才可以气定神闲、事半功倍。

（3）简历是求职者的"入场券"。简历最主要的目的，就是使求职者获得面试资格，创造一个自我展示的机会。我们无法控制用人单位给出心仪的职位，也无法控制面试候选人名单，但我们唯一能控制的，就是手中这份简历。因此，塑造简历不仅仅是塑造一份潜在的职业"入场券"，也是塑造自己人生新阶段的"入场券"。我们通过就职来体验社会，通过改变职业来尝试人生不同的可能。塑造一份简历，从某种意义上来说，何尝不是塑造我们自己呢？

对照上述重要性，简历的制作原则不言而明，第一，简历要一目了然；第二，简历上的每一处介绍都必须是求职者能够谈论并擅长于讨论的，不需要出现不必要的创意，容易使得"惊喜变惊吓"；第三，写简历是一种准备，在这个准备过程中，能够体现求职者对自身的认识程度，对岗位信息的了解程度，以及对未来的职业规划和人生规划。

（四）简历的类型

1. 按格式分类

简历的格式并不是指简历的内容排版或是外观设计，而是指如何组织和排版简历的各种要素。不同格式的简历能够突出求职者不同的侧重面。以下将主要介绍目前求职市场上最为常见的几种简历格式。

（1）时序型简历

时序型简历是一份按照时间顺序排列的简历，包括求职意向、学历和经历等部分。这类简历的写作方式十分直接。它从求职者最近从事的职业开始，依次逆向往前推，简要概括出个人的受教育经历、工作实习经历等信息。通过清晰的纵向模式呈现求职者的人生经历与发展的全过程，有助于用人单位一目了然地了解求职者的成长与进步。

对于求职者来说，这是较为常用的简历格式，一般适用于以下情况：

①所求岗位符合个人的教育背景和工作经历；

②有稳定的求学和工作记录，个人实习实践经历含金量高；

③实习实践经历的连贯性较强，能够反映相关工作技能和资质的提升；

④个人技能领域有限，但在这一领域拥有丰富的经历。

尽管时序型简历十分稳妥，适合诸如教育等传统行业，但它的时间连续性同样也会暴露一些问题，诸如并不重要的工作经历或是无业、失业等阶段，这在一定程度上会给求职带来负面影响。

（2）功能型简历

功能型简历又叫作技术型简历，不考虑时间顺序而强调求职者的技能水平和资质成就。此类简历需要对求职者的优势和专长作提纲挈领的分析说明。一份功能型简历通常包含目的、能力、业绩和学历、经历等部分，其中工作技能和专长优势是核心部分。

对于求职者来说，功能型简历适用于以下情况：

①跨行业求职，且具有所求岗位要求的技能、资质；

②应聘技术型岗位，对技能的专业度有特定要求；

③有多领域的工作经验，想突出个人多方面的能力水平；

④缺乏高含金量的实践经历，或是工作史存在空白、不连贯等情况。

功能型简历将目标聚集在未来的成就而不是过去的荣誉，是更具针对性的求职简历。但这种简历格式最大的不足就在于不能清楚显示个人的教育就业轨迹，缺乏实际说服力，而使得用人单位因无法完全掌握情况而产生疑虑。

（3）综合型简历

综合型简历是时序型简历和功能型简历的结合运用。这种简历格式无疑是一个很好的选择，既可以迎合用人单位的准则和需求，又能通过个人连贯的学习工作经历来提供准确可靠的信息。它把求职者的个人资质和技能与人生成长经历结合起来，既强化了时序型格式的优点又避免了使用功能型格式说服力不足的问题。

采用综合型简历要注意的一点是，罗列个人技能时不应该空洞无物，与个人的经历割裂，而要结合具体的经历来说明对于相关技能的掌握程度。

除去以上三种最常见的简历格式，还有以下简历格式：

履历型简历：求职者大多是专业技术人员如医生等，因此简历中仅需要呈现个人的履历，如就读的医学院、就职医院和发表著作等情况。

图谱型简历：也可以叫作创新型简历，与传统简历格式截然不同，充满创造力和活力，但适用性不强。

记叙型简历：可读性、趣味性强，要求较高的写作技巧、不同寻常的个人经历等。但这种简历客观性不强，适用性较低。

2. 按目标分类

有时我们在求职过程中存在这样的情况，即在中介平台上发布个人简历，等待用人单位的联系。这样的求职方式随着网络招聘平台的兴起变得愈发常见，它不同于通常我们主动联系用人单位的方式，具有便捷、机会面大等优势。那么，适用于这种求职途径的简历又如何分类呢？

（1）目标型简历

撰写目标型简历的前提，是求职者要对所求岗位的要求、行业环境等有较为清晰的了解。换句话说，也就是要掌握简历审核者的需求。因此，目标型简历首先要强调目标用人单位所需的技能和资质，简历的内容定位要贴合目标岗位的要求。例如，假设某求职者想要应聘任一行业中的会计一职，那么对于他来说，就必须提供足够的砝码来证明自身能够胜任各个行业中的会计岗位。这些砝码可能包括优秀的职业技能、含金量高的工作实践、出众的培训经历以及显见的业务成就等。

（2）资源型简历

通过中介平台求职的方式有一个较为明显的优点，即用人单位对简历的针对性具有较大的宽容度。不可否认，求职者确实会存在不能确认求职目标的情况，这种情况下选取资源型简历就能包含更广泛的内容，可以从多个方面来强调求职者的个人技能和成就。

资源型简历最重要的作用就是让用人单位明白，求职者拥有怎样出众的相关技能，能够在岗位上做出什么贡献，带来多大的收益。因此，无论是哪一种简历，我们都要传递关键信息去迎合用人单位的需求和期望。

二、简历的制作与投递

（一）简历制作的注意事项

事实上，相较职业部门而言，招聘人员并不都是完全内行的，因此，他们会更多地站在企业的立场上，去了解求职者在简历中所展现的个人综合素质能否与企业文化相契合，求职者的整体能力和发展潜力是否能适应企业发展的需求。因此，求职者在简历中应该重点关注这部分内容并予以体现和证明。

对我们自己而言，简历是独一无二的，但是在用人单位那里，大批量的简历并不允许招聘人员仔细欣赏这些或许是用心良苦制作出来的作品。一般来说，3秒内还没有在简历上找到与职位相关的信息，这份简历就会被放弃置一旁；而8秒内还不能确定发现简历内的试岗能力和优势，这位求职者就与面试机会无缘而过了。对于快速审阅简历的招聘人员来说，关键词是审查简历的重点，他们的专业素质使其能将简历的关键词与所在单位要求的素质进行迅速比对。此外，人们通常也习惯自上而下、自左而右的浏览方式。因此，一页简历的中上部信息必须能清晰切实地包含可以展现个人基本信息、求职意向以及优势能力的关键词。下面介绍几点制作简历时的注意事项。

1. 要利用好黄金位置

我们首先要注意到一点即人们的基本习惯：当一张 A4 大小的纸张平放于人们眼前的时候，大多数人会首先着眼于 A4 纸的前 1/3 位置（图 2-3-1）。

既然黄金位置是如此重要，我们就应该将其利用好，尽量使这区域能够体现我们最重要的或最想 HR 注意到的信息。

处在黄金位置的个人信息，不要画蛇添足填写不必要的信息，还有个人的身份证号码没有必要在简历体现，还有出生年月不如直接写上自己的年龄。通信地址一般会体现在就业协议上，在黄金位置写清楚自己的电话和 E-mail 即可。

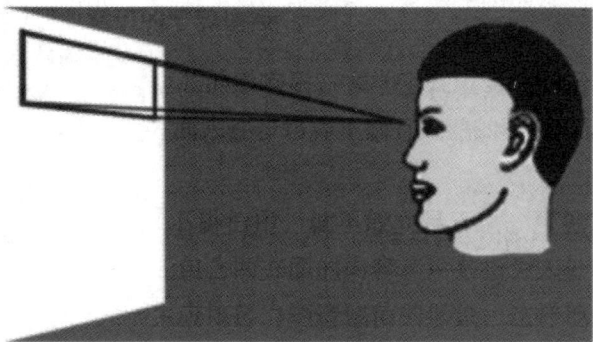

图 2-3-1　建立黄金位置

2.STAR 法则的运用

在写简历时，求职者需要描述个人经历和实践经验。而 STAR 法则的运用能够有效建立起一个个人事件模块，让审核者可以更好地通过过去的经历来判断求职者的个人能力和工作潜质。

首先，将每个经历（社团活动、实习经历、工作项目等）都按照 STAR 法则要求的四点（情境：面试官希望你能描述一个最近遇到的挑战或情况。任务：你必须要完成什么任务？面试者想要知道的是你在上述情境下如何去明确自己的任务。行动：你做了什么？面试官想要了解的是你做了什么？为什么做？有没有替代方案？结果：你行动的结果是什么？从你的行动中，你得到了什么？有没有完成你的目标？你从中获得了什么经验教训？之后有没有用到这些经验？）一一列出。

其次，挖掘闪光点。从列好的事件模块中，找出能体现自身能力、优势的闪光点，如领导能力、沟通能力、适应能力、学习能力等。

需要注意的是，STAR 法则是帮助求职者更有效地梳理和分析成就经历的工具，而不需要将这些分析过程一字不落地写进简历里。如辅导师大附中学生参加"科普英语竞赛"，制定授课计划，每日辅导三小时，10 天教会约 1000 个单词。以此证明我们具备相关的能力、素质和经验。求职者应该学会用"结果讲话"，描述"行动过程"，成功地向 HR 传递你能够胜任所应聘的职位。

3. 注重简历的诚实度

简历是用人单位筛选求职者的工具，有的学生为了能在众多简历中脱颖而出会夸大自己的成绩，但是这样的行为在真正与用人单位面试时难免不会露出痕迹。有的学生在简历制作中描述不够合理，表达方式不对，也会让 HR 产生误解。如在简历中，对于英语水平的描述，把"英语四级"与"具备熟练的听、读、说、译能力"写在了一起，在绝大多数情况下，HR 或者认为求职者是在说谎，或者是学生对于自己的英语水平不能做一个合理的评价，都会让 HR 对求职者的诚实度表示怀疑。

4. 自我评价切忌空洞

求职者在自我评价的部分往往会罗列一些正向的品质，如踏实刻苦、善于创新等。但这些描述一旦在简历中不落实处，便会显得空洞无物，难以说服用人单位相信简历所展现的个人形象。

例如，有时我们会在抬头信息部分写上几句简要的自我总结，想要达到开门见山的效果。可是一旦此类总结是"友善""稳重"等描述词，简历的实在性反而大打折扣。因此，自我评价力求言之有物、点明关键。求职者可以针对所求岗位的要求突出自身最显著的适岗优势，以便于用人单位准确抓住简历重点。

此外，利用好个人评价的描述词，很大程度上还能起到"自我形象修正"的作用。举个例子，假设某求职者并不擅长交际，而这看起来很容易成为面试过程中的一个减分项。但求职者可以尝试将其换个表述在简历中提及，例如，用"沉稳可靠"这样的正面词来作引导，使得用人单位对求职者有先入为主的个人印象。最好的结果就是用人单位将求职者的"寡言"与"沉稳"相联系，达到形象修正的效果。毕竟，在面试过程中，求职者的表现与简历所呈现的内容一致，才是最稳妥的做法。

5. 版面布局简明逻辑

在学生的简历中，很多人会对某一项内容进行大段的文字描述，阅读一段文字至少需要 5~10 秒的时间，但是大多数 HR 在阅读一份简历的时间不会超过 30 秒。所以一般的 HR 是不太可能选择认真读这段信息，或者说很多 HR 甚至不会去读！HR 往往是一目十行、从上至下地阅读简历，这就需要我们在制作简历时把握住关键字和关键词，采用歌词式的版面，简明短句、多行表述，更能加深印象。

此外，版面布局还要进行逻辑分类，对学生在校期间的获奖情况和学校职务的描述，往往是学生本人自身最关注的，而用人单位更关注的并不是你担任的职务，而是你的工作能力和实践经历都有什么。所以对于获奖情况和学校职务的表述，排版要讲求逻辑性，要用 HR 的思维逻辑进行排序，突显出最体现应聘能力与实力的获奖和任职情况。

6. 注意好照片的运用

有的简历照片有些太随意，建议同学们在简历中要放一张证件照。根据简历的排版来选择照片大小，背景红、白、蓝三色皆可，除非有特别的要求。此外，女同学化妆之后照片与不化妆照片效果有明显差别。虽然证件照不必精心打扮，但是还是建议女生化点淡妆，男生刮干净胡须，面带微笑。至少给人留下干净利落的印象。此外，简历的证件照必须是真实的，可以用 PS 软件略微修饰一下，但是切忌修饰过度。

7. 重要信息上下留白

简历重点在简，并不是简历内容越多，求职者就经历越丰富、能力越强。在制作简历时，应做到内容丰富而版式简洁，让求职者的优势一目了然。留白就是指要留出空间，让重要信息可以相对独立。切记不要把简历填充得太满，太满了眼睛看起来会比较吃力，对内容进行提炼，删减不必要的语言，突出重点。留白可以使页面显得干净整洁。最理想是标准是上下留白 1 厘米，左右留白 1.25 厘米。制作完简历后，你要不断地问自己三个问题：你写的简历是否布局合理？是否干净利索且看上去比较专业？它是否利用了整张纸？

（二）简历的投递

大学生投递简历的渠道是多样的。包括宣讲会、招聘会当场投递简历，网申，邮寄简历，E-mail投递简历等。近年来，越来越多的知名企业单位选择网上申请的形式来接收简历。

1. 宣讲会、招聘会当场投递简历

宣讲会、招聘会当场投递简历是一种最为直接的简历投递方式。大学生在参加宣讲会、招聘会当场投递简历时应注意：

一是参加宣讲会和招聘会之前应该先对用人单位情况及招聘情况有所了解，针对不同行业、不同企业应准备不同版本的简历，并且确保数量充足。

二是不要急于投递简历后马上离开。应看看招聘材料，与招聘人员诚恳交谈，简单地介绍一下自己，注意自己的言行举止，要以面试的标准来要求自己。

三是在宣讲或招聘环节对于用人单位的提问要注意方式方法，要把握机会充分展示自己的口头表达能力和逻辑思维能力，不要直接咨询薪资待遇。

2. 网申投递简历

网申是指应聘者通过招聘方制定的招聘网站或者官方网站来投递简历，招聘方通过设定特定的问题、筛选标准来进行简历筛选。其优势在于信息便捷、准确、高效。

一般来说，网申填写的内容和一般简历大致相同，有的公司会增加一些开放性的内容，填写网申简历应注意：

一是虽然简历填写项目分必填项和选填项，但建议大家尽量填写，确保简历的完整度，这样可以大大增加简历的筛选概率。

二是涉及个人信息，特别是电话、E-mail等联系方式一定要准确无误，以便用人单位能够及时联系到你。

三是问答开放性问题一定要注意合理地使用关键词，层次分明，注意字数的限制。

四是对于职位的选择要慎重。不可不选，也不可都选。特别是对于性质和内容差别较大的职位要结合自己实际情况进行选择，否则会被视为盲目投递。

3. 邮寄简历

邮寄简历要注意明确要求邮寄材料的内容和截止时间，材料装订和放置的顺序要按照通知要求顺序准备，尽量不要将材料折叠，信封字迹工整，如果材料太多可以列一个目录清单，尽可能以快递的形式按截止期前发出。

4. E-mail 投递简历

采用 E-mail 投递简历时，需注意以下几点：

一是邮件的标题要标注好姓名和应聘的职位，不要只写简历或者求职，可以增加简历被关注的程度。

二是邮件的正文贴上个人求职信，个人简历以附件形式发送或者直接在正文中发送要看用人单位的要求，一般都是以附件形式发送，以姓名和职位命名。各类证书的电子版不要与简历放在一个文件中，文件太大，不利于下载和阅读。

三是邮箱 ID 尽量显得专业简洁，最好让对方看到邮箱就知道你是谁。设置签名档，包含个人姓名、学校及联系方式。

5. 简历投递记录

大学生找工作投简历就是一个"海投"的过程。每天投递简历的数量会非常多，如果没有一个记录，仅靠大脑记忆是根本记不全的。那么在接到用人单位笔试、面试通知的时候，就有可能想不起来应聘什么职位、甚至连用人单位名称都想不起来，那样，在电话面试或者面对面面试的时候会给 HR 留下不好的印象。另外，现在采用网申的知名公司比较多，如果不记录网申注册时填写的用户名和密码网申地址的话，那有可能回头再来查看网申状态的时候，就可能会出现找不到申请地址、用户名或密码不对等局面。由此，建议大家把投递简历过程中的一些关键信息做个记录，如表 2-3-1 所示。

表 2-3-1　简历投递记录表

序号	单位名称	职位名称	申请时间	投递方式	网址	用户名	密码	笔试	面试

三、简历的调整与扩充

（一）不同岗位的简历应对模式

就求职意向而言，针对不同行业及不同岗位，简历的内容都应有所侧重，采有针对性的个性化展现方式。但简历的内涵并不会有实质性改变，也即求职者具备的求职资格和能力成就等要重点突出。以下是几种大类行业的特点及可行的简历应对模式。

1. 行政管理类

在我国，行政管理类岗位的人员队伍日益庞大，从政府部门到国有企业，从综合大学到科研部门，越来越多的求职者开始向往稳定而规律的职场生活。要从事相关职业，首先要认识到相关机构需要何种人才，并将自身的经验和能力用与之相匹配的方式表达出来。那么该如何在简历中表述过往经验，使之更有"行政气息"呢？

在日常生活中，通常存在这样的现象，即许多职员的工作内容超出其工作职称所包含的范围。比如，一名办公室经理或许会管理一个区域分支部门的运作，或者一个接待员也包揽着管理前台办公室的工作。当求职者要描述类似的过往经验时，可以多留意那些责任之外的工作是否能够增加简历的内容，无论这个工作的担当是否只占了极小比例的时间，它依旧可以在简历中增加求职者的自身价值。

除了行政人员类，在行政管理中的典型职业还有以下几类。

（1）秘书类：通常需要较多技能，建议应聘此类岗位时，应在简历中将最重要和最佳的技能优先列出，并善用量化的方式来呈现个人能力和成就。

（2）人事管理类：包括人事资源管理、新职员的环境熟悉和职业培训等。应聘此类岗位时，注意不能只在简历上列出工作职称和单位，还应扼要表述自己的职责内容以加强与岗位的契合性。

（3）公共关系类：包括公共关系部指导总监、公共关系咨询、社区联络代表等。应聘此类岗位时，简历要突出个人在公共关系和社区联络上的经验及优势。

（4）广告策划类：这类岗位与媒体和客户联系密切，比较特殊，制作简历时可以在设计上别出心裁，以突出自身在广告策划或产品形象设计上的能力。

2. 工商管理类

此类工作相较于行政管理类，人才流动较为频繁，又与商业、经济等关系密切。因此，"数字"最能展现这类行业的业绩，反映到简历中，量化的表达方式和丰富的市场经验就尤为重要了。

以企业管理类为例，其范畴很广，包括部门和支部管理、贷款管理、零售管理等。当求职者着手描述个人企业管理技能时，考虑到申请的位置类型和职责，可以先列出自身的一系列技能，挑选合适的过往经验去树立相应形象。比如，支部管理往往需要兼顾顾客服务、监护和培训员工等多个相关职能。

除此之外，还有销售和市场类工作，制作简历时，建议多用数字来陈述总销售额、服务能力、客户数量以及所管理合约大小等，以体现自身优秀的销售技能。其他还有诸如会计类往往侧重经手账目陈述，银行金融类则偏重于资金的管理和投资能力，零售类和顾客服务类更倚重顾客服务经验等。

3.计算机、工程类

作为技术性较强的工作，通常需要专门的职业技能培训。如果求职者没有相应的工作经验，可以将所学过的相关专业课程列入简历。计算机编程和计算机绘图等行业，专业对口度极高，尽可能将所有专业技能都列入简历内，并注意挖掘过往经验来体现自身解决问题、团队协作等能力，以支持求职者的技术能力和职业形象。

另外，工程类包含电子、机械、土木或地质、化学、环境、建筑以及设计等领域，简历同样以呈现专业技术和项目经验为主。而工程施工类通常包括项目指挥员、建筑检查员、施工经理和普通工人等，应聘这类工作的简历更侧重施工管理、场地监督和建议大纲报告等，偏重于展现求职者的施工经验，但也要注意量化项目经验的价值，以直观展现个人能力。

4.卫生、科研、教育、新闻、法律类

作为同样专业性较强的行业，这类工作不仅要求相关资格证书，而且还需要较强的表达、沟通和观察、写作等能力。举例来说，科研人员的研究成果通常以发表论文的质量和数量来衡量，中小学教师偏重教学经验的要求和评估，所教学生的平均素质是衡量标准之一，大学教师则需要兼顾前两者的内容。而医护人员往往只需在简历中罗列职称头衔以及实习、工作过的医院名称，就能体现个人的专业水平以及在业内的影响程度。此外，从事新闻写作类的专业人员通常包括杂志撰稿人、编辑、记者等；法律专业人员则包含法律助手、法律秘书、律师等。应聘这类工作需要制作针对性较强的简历，往往还可以参照业内设定的标准或规则，能够有效保证简历的专业性和针对性。

（二）不同阶段简历的更新

简历并不是在调整工作时才需要更新的。简历的制作过程是一个认识自我的过程，更新简历也是对每个阶段的自己进行总结，只要你一直在进步，简历就有更新的价值。

1.更新简历的意义

首先，最直观的意义就在于实时更新简历能够让我们更加从容应对各种招聘场合。对自我有清晰认识、对自身能力有完全把握的求职者，往往更容易形成明确的职业规划和就业认知，在风云变幻的市场上更加游刃有余。

其次，对尚未有正式工作的在校生来说，更新简历是对自己的学习和进取的

一种鞭策。为了在毕业时能交出一份充实和具有竞争力的简历，在校的学生往往要更早地进行职业生涯规划，并在学习过程中将规划转化为实实在在的行动，这个阶段对简历的更新则是你成长的见证，而这个阶段的简历更新也往往应该是最频繁的。

最后，容易被忽视但事实上十分重要的一点，就是记录自身成长。人的一生是一个不断成长和走向成熟的过程，不管是在校还是不在校，学习是我们一生的事业，孔子说："吾尝终日三省吾身。"定期更新简历，是对人生某一阶段的总结和反思，让我们更加清醒地认识自己的长处和不足，为更好地走好人生道路做铺垫。

2. 如何更新简历

（1）每周记录，每月总结

每周的记录可以从两个方面来总结。第一，思考在一周的学习或工作生活中，是否掌握了新的理论知识，是否在技能方面得到了提升；第二，在业余兴趣层面，是否有所产出。社交媒体蓬勃发展的今天，个人博客等平台也是展现能力的窗口，可以作为兴趣特长在简历中呈现。而每月的总结，则是在记录的基础上做系统的汇总。比如，本月既学习了 Word 又使用了 Excel，就可以汇总为"熟悉办公软件的运用"这句话。一旦发现进步点过于零散无法汇总，则需要及时调整学习方向，以免造成事倍功半的结果，但要明白，每个岗位都对简历有针对性的要求，持续更新的简历只能作为参照的底稿，不可以原封不动地发给用人单位。

（2）分门别类，整理留档

建议在电脑里专门为简历建立一个文件夹，并按照求职意向或时间阶段做不同的分类收纳。而不论做何种分类，文件名都要有条理。不同版本的简历都命名为"简历"是不可取的，可以尝试在文件名中加入日期，如"201612 某企业招聘"或"20160531 更新版"。还要注意的一点是，在向用人单位发送简历时一定要专门重命名，确保个人姓名等基础信息在文件名上表达清楚，以免给用人单位造成不必要的麻烦。

四、其他材料的准备

在求职准备过程中，除需要精心准备个人简历以外，还需要为自己的简历制作一个封面，同时还需要准备成绩单、证书、成果、文章等材料。

（一）简历封面

简历封面是书籍简历的一个封面，作为外在形式，简历封面就是一个人的门面，就是一个人的脸面，它折射出一个人的喜好和素养。简历封面应该包括求职者最基本的信息，如学校、专业、姓名、联系电话及通信地址等。简历封面制作尽量简单明了，重要信息突出，如果自己的学校非常著名，那就可以在简历封面显要的位置写上自己学校的校名，或者放上学校的校徽等。可以使用一些有创意的简历封面图，但对于大多数人而言，自己设计简历封面图是比较困难的，这时候可以借助于网络，借鉴别人的设计，简单改造一下，为自己所用。

（二）成绩单

成绩单是学生在校期间学习成绩的记录单，也是对学生专业学习水平和智力能力水平的一种量化评价手段。规范的成绩单要求由学校教务部门提供，并加盖学校教务处的公章。对于成绩好的同学，成绩单在求职时是一个加分项，但成绩稍差的同学，也要意识到，成绩单随时是一个不利的因素，但是并不一定是决定性因素。一般有经验的用人单位和人事部门领导往往会更重视学生的综合素质能力，所以成绩不好的同学，可以体现自己在其他方面的优势和特长，以争取获得面试的机会。

（三）其他证明材料

有关学生在校表现和综合素质能力展示的各类证书、成果、文章等可以做成复印件附在简历的后面。如外语和计算机等级考试证书，各类从业资格证书，技能认证证书，奖学金证书，各级各类评优证书，所有专业、实践、文体、志愿服务类荣誉证书，出版发表的论文，文学作品，艺术设计等资料。这些材料可以更全面地展示求职者的综合能力素质和特长。对于这些材料复印件的整理要做好分类和排版，突出重点，从阅读者的角度进行考虑，方向统一，大小适中，内容清晰。

第三章　大学生就业指导

本章主要内容为大学生就业指导，首先论述了大学生求职过程中的笔试和面试指导，主要包括笔试以及面试的应试技巧和注意事项等内容，其次介绍了求职过程中大学生应具备的礼仪。

第一节　笔试指导

笔试主要适用于应试人数较多、需要考核的知识面较广或需要重点考核文字能力和专业知识的情况。大企业、大单位、大批量用人，国家机关选聘公务员，往往采用此种考核形式。笔试内容一般包括：一是知识面的考核，主要是一些通用性的基础知识和担任某一职务所要求具备的业务知识；二是心理测试，主要测试应聘者的性格、兴趣、能力等心理特征；三是技能测验，主要是对毕业生处理问题的速度与质量的测试，检验其对知识和智力运用的程度和能力。

一、笔试的种类

（一）专业能力考试

专业能力这种考试主要是检验应聘者担任某一职务时是否能达到所要求的专业知识水平和相关的实际能力。这几年毕业生热衷报考的国家机关公务员资格考试，其笔试包括行政职业能力倾向测验、写作和综合知识。又如招聘行政管理、秘书方面工作的单位对应聘者文字能力的测试，部分单位对某种计算机语言有较高的要求时，测试应用特定语言编程的能力。为检验毕业生实际工作能力或专业技术能力，通常还要进行专业技术能力考试。这种考试往往在特意设置的工作环境中进行。下面举几个例子：

（1）阅读一篇文章，写读后感。

（2）自编一份请求报告或会议通知。

（3）听到 5 个人的发言，写一份评价报告。

（4）某公司计划在 5 月赴日本考察，写出需要做哪些准备工作。

（5）给一个科研题目，写出科研论文的详细大纲。

（二）心理测试

心理测试主要测试应聘者的性格、兴趣、能力等心理特征。心理测试是用事先编制好的标准化量表或问卷，要求被试者在一定时间内完成，根据完成的数量和质量来判定其心理水平或个性差异。一些特殊的用人单位常常以此来测试求职者的态度、兴趣、动机、智力、个性等心理素质。应聘中常见的心理测试的类型有性格测验、气质测验、职业兴趣测验、需要层次测验、成就动机测验、职业价值观测验等。

（三）命题写作

考察文字表达能力以及分析问题和逻辑思维能力，主要是对毕业生处理问题的速度与质量的测试，检验其对知识和智力运用的程度和能力。这种测试目的在于考查文字表达能力以及分析问题的能力。例如，限时写出一份会议通知、请示报告或某项工作总结，也可能提出一个论点，请予以论证或批驳等。用人单位采用笔试方式时，可能只进行单一的专业考试，也可能将专业考试、命题作文、心理测试综合运用。

（四）智力测试

智力测试主要为一些著名跨国公司所采用，它们对毕业生所学专业一般没有特殊要求，但对毕业生的素质要求较高，主要测试应聘者的分析和观察问题的能力、综合归纳能力、思维反应能力。它们认为，专业能力可以通过公司的培训获得，因此，有没有专业训练背景无关紧要，但毕业生是否具有不断接受新知识的能力是至关重要的。

智商测试并不神秘。一种是图形识别，如一组有四种图形，让应试者指出其相似点和不同点。这类题目在一些面向中小学生的智力游戏书中是很常见的，一些面向大众的杂志偶尔也刊登这类游戏题目。另一种是算术题，主要测试毕业生对数字的敏感程度以及基本的计算能力，如给定一组数据，让毕业生根据不同的要求求出平均值，其难度绝不超过对中学生的计算能力的要求水平。尽管如此，一些理工科的毕业生也考不到 60 分。这类测试是会计师、审计师等职业所要求的。

（五）综合能力测试

综合能力测试兼有智商测试的要求，但程度更高，例如，应试者要在规定的时间内对一组数据、一组资料进行分析，找出其合理的地方和存在的问题，并设计出解决问题的方案。这是对学生的阅读理解能力、发现问题的能力、分析和解决问题的能力等素质的全方位测试，甚至有时候问答都是用英语进行，相对来说难度更大一些。有一些公司笔试时采用一般能力测验。一般能力测验包括语言能力、数学能力、逻辑推理能力、空间知觉能力、机械推理能力、知觉速度、文字识别能力等。

（六）录用考试

国家公务员、事业单位或个别大型企业在招聘时通常以录用考试的方式来选取所需人才。如中央、国家机关考试录用机关工作人员和乡镇以上国家公务员的考试，主要是通用性的基础知识测试。个别大型企业或事业单位录用考试会涉及相关专业方面的知识考试等。

二、笔试常见题型和方法

（一）技术类笔试题

对于研发类和技术类职位，一般都会要求应聘者参加技术类笔试。

对于技术性笔试，这类职位的特点是，对于相关专业知识的掌握要求比较高，题目特点是主要涉及工作需要的技术性问题，专业性比较强。这类考试的结果和同学们的大学四年的学习成绩密不可分。所以，要成功应对这类考试，需要坚实的专业基础。另外，保持稳定的心态也是非常重要的。要客观冷静地对自己进行正确评估，相信自己的实力，克服自卑心理，增强自信心。

（二）推理题

这类题包括数字推理、图形推理、逻辑推理等，应对方法如下：

第一，规律是解题的关键。

第二，观察是解题的基础。

第三，突破思维定式对解题的帮助。

第四，最后选择正确答案。

找出规律，认真思考后根据自己的判断与计算，选出正确答案。但是在选择过程中一定要仔细，不要发生视觉错误。当然，最好是将所选答案去印证一下自己归纳的规律。如果符合规律，则所选的答案无误。

（三）案例分析题

对应试者的阅读、理解、推理、分析、计算、归纳等各方面能力进行综合考虑。应对方法如下：

第一，先看案例要求解决的问题，审题要认真，要抓住问题中的关键词，弄清问题要求分析的到底是什么。

第二，认真阅读案例，带着问题读案例，发现案例问题的本质是哪一类大问题。

第三，确立答题的整体框架，阅读背景材料以后，应先花几分钟对问题进行系统分析和思考，套用解决问题所需运用的相关理论，确定答题思路和要点。

第四，问题解答，案例要纲举目张，叙述要有主有次，不能平铺直叙。

（四）阅读写作题

阅读理解与写作能力，是一项综合性的实践能力，它要求应试者必须有较强的言语综合能力。笔试者在做阅读与写作题时要注意表现自己如下三方面能力，具体应对方法如下：

第一，结构化思维能力。作文题考查的首要问题是应试者分析问题过程中的逻辑性，能不能按照：提出问题——分析问题——解决问题的结构来布局文章，各个环节之间的逻辑关系是否清晰。

第二，多角度分析能力。作文题还考查思维的发散性和拓展性，能不能从不同的角度来分析问题，而不是仅仅局限于现有的框架。

第三，书面表达能力。书面表达能力需要有很多东西来支撑，比如词汇量、中英文写作的思维方式和驾驭文字的能力。这需要笔试者在日常生活中的总结和积累。

（五）职业性格测试

职业性格测试主要测试各种性格类型与相关职业的匹配程度，应对方法如下：

此类题通常在电脑上回答，题目较多，需要在规定的时间内完成作答。答题时要按照自己内心的真实想法回答题目，而不是分析出题者的意图，根据出题者的意图来回答题目。另外，这类型题目中会有重复的题目出现，目的是用来测谎，所以一定要按照真实的想法来回答题目。

总而言之，笔试基本答题技巧是先易后难，先简后繁，精心审题，字迹清楚，积极思考，回忆联想，掌握题型，答题精细。

三、笔试的准备与应试技巧

（一）笔试的准备

笔试主要是用以考核应聘者特定的知识、专业技术或应聘者对文字的运用能力，其中对文字的运用能力通常需要重点考查。因此，毕业生参加笔试要做好如下准备。

1. 学以致用，理论联系实际

现在的求职考试越来越强调用学过的知识来解决实际问题，具有很强的实用性。换句话说，现在的应聘考试主要是考核应聘者对知识的运用能力。因此，在复习过程中必须始终突出一个"用"字，即通过各种实践，把学得的知识运用到工作实际中去解决各种实际问题。

2. 提纲挈领，系统掌握

在知识与能力这两者中，知识无疑是基础，没有扎实的基础知识，也就无从谈起能力的培养和提高，掌握知识的有效方法就是把零散的知识系统化。但是笔试往往范围大、内容广，存在着一定的随意性和盲目性，因此，凡是与求职有关的一些知识，如文史知识、科技知识、经济知识、法律知识和一般的计算机知识，均要进行系统的复习。

3. 多读多练，提高阅读能力

提高阅读能力对扩展知识面和回答应聘考试的各类问题很有益处。要提高阅读能力，就得坚持进行阅读实践。知识的获得，主要依靠阅读；能力的提高，则必须通过实践。复习时经常做一些阅读训练，有助于阅读能力的提高。在做阅读训练时，一定要做到"眼到"和"心到"，特别是"心到"，即对每个问题都进行仔细揣摩、认真思考、分析比较、总结归纳，努力提高自己的阅读能力。

4. 敏锐思考，提高快速答题能力

为了适应招聘考试中的题量，还应该尽快培养自己快速阅读、快速思维和快速答题的能力。因为现代阅读观念不只着眼于信息的获取，而且特别重视速度。所以在准备笔试的时候一定要提高做题速度。

5.要保持良好的身心状态

考试前，一定要适当减轻思想负担，适当参加一些文体活动，从而使高度紧张的大脑得到放松休息；要有良好充足的睡眠，以保证考试时有充沛的精力和良好的竞技状态。

（二）应试技巧

1.有备无患

提前熟悉考场环境、掌握注意事项，有利于消除应试时的紧张心理。除携带必备的证件外，一些考试必备的文具如签字笔或钢笔（最好为黑色签字笔）、2B铅笔、橡皮等，也要准备齐全。不要把复习重点放在难点、怪题上，要把基础知识掌握好，在实际运用上下功夫。

2.增强信心

笔试怯场，大多是由于缺乏自信心所致。客观冷静地对自己进行正确评估，能克服自卑心理，增强自信心。应聘笔试同高考不同，高考是"一锤定音"，而求职应聘考试则有多次机会。

3.科学答卷

拿到试卷后，首先应浏览一遍，了解题目的多少和难易程度，以便掌握答题速度。然后按照先易后难的原则排出答题顺序，先攻相对简单的题，后攻难题。这样就不会因为攻难题而浪费时间太多，而没有时间做那些会答的题。遇到较大的综合题或论述题，则应先列出提纲，再逐条撰写。最后，要尽量挤出时间对容易出错的地方进行复查，特别注意不要漏题，更不能犯跑题、出现错别字、语法不通、词不达意等错误。另外应当注意卷面整洁、字迹清晰，书写过于潦草、字迹难以辨认会影响考试成绩。因为求职笔试不同于其他专业考试，"醉翁之意不在酒"，有时招聘单位并不特别在意应聘者考分的些许高低。认真的态度、细致的作风，则会大大增强被录用的可能性。

第二节　面试指导

无论你是刚毕业的大学生，还是已经失业，你可能都需要去经历一次面试。面试的经历可能不是那么愉快，但是如果你能够对面试的整个过程有所了解和准备，面试也不都是令人生畏的。面试是一个非常好的机会，是你和用人单位双向选择的机会。面试和面谈的区别之一，就是面试时对方往往有很多人，其中不乏专家、学者，应聘者在回答一些比较有深度的问题时，切不可不懂装懂，不明白的地方就要虚心请教，或坦白说不懂，这样才会给用人单位留下诚实的好印象。在准备面试的过程中，大部分应聘者会发现，题目理解起来并不难，发挥不好很多时候是因为表达不清。这就是大部分应聘者都会遇到的语言难题，这同样也是不同于笔试的地方。解决这一难题是顺利通过面试的"敲门砖"，也是"必经之路"。语言表达能力弱有多方面原因。首先，是本身的语言基础就不是很好，在生活中就是"惜字如金"的人，不善于与人交流，尤其是大部分的理科和工科学生。而且当今社会，手机盛行，很多"95后"都是"宅男宅女"，缺乏沟通机会。其次，是语言积累不足，大家在生活中的交流比较口语化，沟通内容多是年轻的应聘者们喜欢的领域，比如动漫、游戏、娱乐等，面试聊到社会热点、政府公共管理话题，应聘者们往往哑口无言，"丈二和尚摸不着头脑"。最后，紧张也是症结之一，面对高压的环境、严肃的招聘者和有限的交流时间，即使会说话的人也可能语无伦次。困难总是要面对的，"越努力就越幸福"。在求职准备的时间里，求职者只有针对自身的语言问题，有针对性地加以解决，才会更好地应对面试。那么要在面试中取得好成绩，我们努力的方向是什么呢？

一、面试的内涵

面试是人员选拔过程中最传统、最常见，也是最重要的一种方法。

狭义的面试就是面对面交谈的意思，是求职者与面试负责人（面试官）之间通过面对面的观察、交谈等双向沟通的方式，了解求职者的素质能力、求职动力、职位匹配度等的过程。

经过长期发展，今天的面试已经具备了越来越广的内涵与形式，可以理解为包括所有接触式了解的招聘过程。即包括通过与求职者直接交谈、在特定环境下观察求职者、在现场通过复合方式考查求职者等方式，了解其对职位要求的能力、素质、资格条件的匹配度和综合素质的过程。

面试一般由五大要素构成，即被试（求职者、考生）、主试（面试官、评委）、测评内容（职位需求、面试问题）、实施程序（流程、组合）、面试结果。作为"被试"，求职者不仅要注意自我的准备，也要认识了解其他要素，才能在对面试有完整认识的基础上，更好地加以准备，以达到最佳表现。

和笔试相比，面试具有考查内容深入、广泛、灵活的特点，可了解综合素质和能力，但具有较强的偶然性、随意性、突发性。对于大多数求职者而言，需要建立起全面的认识、提前做好准备，既不能奢望"面面俱到"，也不应完全依赖"临场反应"。

二、面试的作用

（一）直观作用：求职成功

面试的直观作用即求职成功——用人单位找到合适的新员工，求职者收获心仪的岗位。

对于用人单位而言，基于招聘规模、岗位特点的不同，作用往往不仅于此。

一般情况下，设岗部门的负责人，也就是招聘岗位的直接领导或上级领导都会参与面试的部分环节，他们往往也会在面试过程中对求职者未来可从事的具体业务内容产生预判，从而在求职者"入职"后迅速做好工作安排。这既是"岗位名称总相似，具体工作各不同"的原因，也是领导可以在你"还不认识他"的时候就"很了解你"的由来。试想一下，如果"初来乍到"时就有人知道你的性格爱好、告诉你"哪位是同一个专业的学长"，是不是很能消除陌生感？

当然，这不是每个单位的必然选择。但如果遇到了也别意外，或许面试时你因为紧张完全没有注意到的某个"角落里的人"，就是你踏入职场的"引路人"。这种效用，其实就是"知人善任"。也因此，如果有多个部门负责人在场，说不定还会发生"抢人大战"，这个时候就更有意思了。

对于个人而言，最直观作用就是获得录用通知，同时还能了解单位和岗位的部分情况，甚至与未来的"上司"直接对话——如果还有其他面试官在场，"相谈甚欢"之余，别忘了控制时间、"雨露均沾"。

（二）常见作用：发现差距

不是每场面试，都有美好结局。多数时候求职收获的都是"好人卡"或是"等消息"。这个时候，除了"微笑着离开"，更应该通过每一次成功或失败的经历来认识自己、完善自己，尽可能在下一次机会前补足短板，并立足长远提升能力。

其实不仅是从结果中汲取养分，从抵达面试地点看到的工作人员的举手投足、候场区里同场竞争者的条件状态、单面时面试官的言谈关注、群面时自己与他人的异同……都是可供研究和学习的案例。

所以，面试最常见的作用是帮助自己发现自身的优势和不足，进而为后续的机会做更充分的准备。"一时失志不用怨叹"，找准"拼"的方向，才能让自己更好地"爱拼才会赢"！

于单位而言，面试也是让他们可以对比求职者的过程，结合设岗预期在比较中做出最优选择。

（三）深层作用：学会成长

正因为面试是将我们"空投"到一个陌生的场景，跳脱出熟悉的校园，没有了求学过程逐渐积累的循序渐进、老师同学朝夕相处的知根知底，完全陌生的面试官，更能对我们进行一场"第三方"评价。不论这个评价是否准确，它一定是基于我们在特定场景下提供的信息所形成的。这也是许多同学苦恼的，"给人的印象"与"真实的自我"之间的错位。

是弥合错位，还是自如切换？是改变自己，还是调整方向？是即知即改，还是兼听则明……

"面试是最好的老师。"这个老师既是面试过程，也是面试里遇到的每个人，更是在这个过程中从纷繁的场景、声音中去梳理价值、取长补短的自己。

面试的深层作用正在于帮助我们在熟悉的校园场景外去思考和提升自己。可以是在求职层面，对自己的求职领域、目标岗位做出进一步调整，也可以在实践层面，通过相关的课程学习、培训来进一步提升自己，还可以在"复盘"面试过程、求职过程中进一步分析自身性格喜好、人生规划，抓住有限的时间，让自己更快、更好地成长。

于单位而言，面试过程同样可以通过求职者的整体条件来了解一定社会群体对单位的印象和评价，进而调整设岗、招聘乃至公司发展策略。这也是当前众多企业即便一边裁员也要一边大张旗鼓"校招"的原因之一——毕竟除了招聘新员工，这也是一场兼具品牌营销和市场调研的"复合战"。

三、面试的前期准备

（一）信息搜集

"知己知彼，百战不殆。"

如果说投递简历时的了解是一场"速读"，那么从收到面试通知的那一刻起，你就需要准备开始"深度调研"，在兴奋之后、紧张之前，尽可能做自己专业、冷静、高效的"咨询顾问"。

首先，确认通知面试岗位和所应聘岗位是否一致。当前招聘过程中，因为岗位性质、要求不同，有时会出现"冷热不均"的现象，有些用人单位会在面试通知时征询调剂意见，而有些通过网络、书面等文字方式传达的调剂信息则容易被忽略，需要多加注意，以免现场尴尬。特别要注意发出相关面试通知的单位自己是否曾投递过（有些网站设有"一键海投"功能，但不建议使用），避免因为信息泄露被不法分子利用，陷入电信诈骗、传销、非法传教等骗局之中。

其次，结合面试通知再次熟悉招聘简章。尽管招聘简章往往言简意赅，但这些内容是我们第一时间所能获得的关于应聘岗位的最直接信息。可以通过同期不同岗位招聘需求的对比、相关描述的一般性工作内容、公司介绍中关联信息的推测等，加深对应聘岗位的认知。

再次，用好网络等信息获取渠道。网络时代，信息检索是一项必备能力，可以通过用人单位网站、其他招聘网站、相关介绍和讨论评价、新闻报道等丰富对用人单位和岗位的认识，当然过程中也要提升鉴别判断能力，不忽视"前人"的提醒，也避免被错误信息误导。除了网站，倘若你正好在报刊架看到相关报道，身边有亲朋好友、师长同学对此有所了解，相信你也一定不会错过。

最后，把握好和招聘人员的有限沟通。这里的"有限"包括两个层面，一个是沟通方式，一般都是电话或邮件的简短沟通（除了带有面试性质的"电话面"，可以通过对方提出的问题来判断）。另一个层面则是招聘人员自身对岗位的了解和权限，不同的单位负责电话或邮件通知面试者的人员身份不尽相同，他们能够提供的信息也有天壤之别。如何尽可能多地获取有效信息？第一，保持尊敬，给对方留下好印象；第二，虚心好学，围绕面试准备求建议；第三，放平心态，即便对方什么都不说，也要心平气和表达谢意。

除了搜集尽可能多的信息之外，还要妥善加工，形成自我判断，并与自身条件相结合，"内化于心"才能在面试中"外化于行"。

（二）"物资"准备

纸质简历带不带？带！必须带！

不同于"海选"阶段，在面试环节，面试官们有更多的时间去看你的简历和佐证材料，进一步优化简历的内容编排。简历应避免过于冗长引起不必要的反感，所有的扩展和修改都应围绕应聘岗位的需求而来。倘若不太能把握，那就在前期递交的简历基础上按照"修改越少越好"的原则进行优化。

对于一些有作品或成果的同学来说，一定要做好取舍。首先，应确保所提供的材料都是自己的，经得起提问和探讨。其次，要衡量好数量，避免喧宾夺主，甚至让面试官没有时间就主要考查点进行提问，起到反作用。再次，要安排好顺序，建议提前对可提供的佐证材料按与应聘岗位的关联程度进行排序，根据现场情况量力而行。用心的准备才是好的准备。

除了和面试直接相关的简历、材料，进入面试场地所需的通行证件、保暖的羽绒服、"润润嗓子"的饮水或是预防低血糖的糖果这些"保障"物资就因人而异了。至于手机和其他电子产品，在抵达面试场地前，切记调整成"静音"模式——"振动"也是会发出声音的。

（三）着装形象

面试着装，以大方得体为要，在清爽整洁中展现朝气而又不失沉稳的面貌。可以提前了解以便契合应聘单位风格，让自己能够自然而然地融入其氛围，增添亲切感。一般不建议在着装形象上过于另类。

通常情况下，可以选择浅色衬衫与深色西装套装、套裙搭配，同时注意领带/领结、皮带和鞋子的搭配。可以选择一两件饰品来提亮整体造型，但要注意不宜喧宾夺主。

除了着装，发型和妆容更直接影响面试官的观感。女生建议化淡妆，既提亮气色又体现用心，男生则应多注意须发，保持清爽不油腻。

（四）行程安排

面试通知上一般都会写明面试时间和地点，倘若是在异地，有经验的 HR 还会再次确认或提供建议路线。对于求职者来说，建议尽量在面试规定的时间提前半小时左右到达，一来可以熟悉环境，二来也避免奔忙中凌乱的形象和喘息影响面试效果。

因此，根据面试地点和居住地之间的距离合理安排行程就显得尤为重要，尤其当多场面试"接踵而至"时，更要提前规划。如果确实发生时间冲突的状况，还要进一步思考取舍。重新协商时间有一定风险，可以适当争取，但也别过于强求，需要谨慎行事。

除了交通工具上的时间，要将可能的步行时间、准备时间、调整时间都纳入考虑。一般应提前做好"物资"和服装准备，确保次日可以即刻出发。

对于奔赴异地参加面试的同学，还要提前做好出行功课，做好交通和住宿预订，注意旅途安全，尽量结伴而行。

定好闹钟也不容忽视。特别重要的面试可以拜托家人朋友电话叫醒或舍友人工叫醒，以免前一夜因紧张难以入睡导致错过。

（五）心理调适

面试前，紧张在所难免。究其原因，往往是感到自己准备不足。

对此，首先应该让自己掌握做好充分准备的方法。可以通过本章的学习，结合不断积累的实践经验，让自己的面试准备更加充足，通过上述的准备，可以增强"万事俱备只欠东风"的信念。

其次应调整心态，做好选择，降低"得失心"，增强"体验感"。要在求职过程中不断认识和提升自身，扬长避短，避免在自身心态还不够强大时就"挑战高难度"。应届生作为"初出茅庐"的年轻人，一般情况下都可以得到更多的包容，可以将面试作为"机会"，把考官视作"指路人"，带着虚心向学的心态向面试官请教，为获得认可高兴，同样为发现可供将来改进的不足而高兴。

再次应注重"量"的积累。面试是人与人近距离接触的实践，诸多因人而异的特点只有在反复交流过程中才会更加清晰。因此，可以通过量的积累来增强信心，在"最初"数次尝试时主动降低期待，减轻自我压力，说不定会有更好的面试表现。同理，多参加面试，在实践中找到最切合自身的状态，逐渐形成"侃侃而谈"的能力，到那时，"自信"必然取代"紧张"，而你也会对"谦虚"有进一步的体会。

最后，临场时的紧张可以通过深呼吸、眺望窗外开阔空间、慢速踱步等转移注意力的方式来缓解，可以设想一下如何开一个缓解自己紧张的玩笑——毕竟，重视才会紧张。

相信自己，经过充分的准备，这场面试一定会带来收获！

四、面试流程指导

面试是每个求职者都必须面对的一个环节，也是非常重要的一环，即使你的简历做得再完美，面试表现不好，还是不行。因此为了更好地找到理想工作，必须了解面试的整个流程。那么面试的流程是怎样的呢？不同的公司对面试流程的设计会有所不同，有的公司会非常正式，有的公司则相对比较随意，但一般来说，面试可以分为4个阶段，如图3-2-1所示。

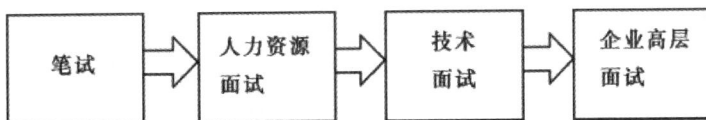

图 3-2-1　面试的 4 个阶段

（一）笔试

笔试是一种与面试相对应的测试，是以填写的方法考核应聘者学识水平的重要工具。这种方法可以有效地测评求职者的基本知识、专业知识、管理知识、综合分析能力和文字表达能力等素质及能力的差异。

（二）人力资源面试

人力资源部门的初步面试主要是把握应聘者基本素质是否符合企业的用人要求。人力资源部门更关心求职者的性格与岗位匹配性、工作态度、素质能力、工作稳定性等软指标，主要从思维能力、表达能力、沟通能力、综合素质、个人潜力、价值取向、异常状态这几方面来考查应聘者。应聘者在人力资源部门面试时，需要在人力资源部门关心的内容上详细讲，其他内容粗略讲。

（三）技术面试

技术部门的专业面试主要是考查应聘者的专业素质与技能是否符合用人单位的要求，技术部门主要是对应聘者的工作经验、岗位必需素质和相关技术知识等硬指标进行考查，主要从专业能力、基础素质、学习能力、创新能力、团队合作、执行能力这几方面来考查应聘者。应聘者在技术部门面试时，需要在技术部门关心的内容上详细讲，其他内容粗略讲。

（四）企业高层面试

在关键岗位及中层干部人员选用上，一般用人单位会再加一两道面试程序，由高层领导亲自面试。在这里就针对关键岗位和中层干部以上的人员如何进行面试，谈一些体会和学习经验，有以下四点。

1.聊

让应聘者放松情绪，观察应聘者真实的思想及动态。

2.讲

给应聘者时间，让其讲。此环节面试官不仅可以看出应聘者的从业经验和相关行业经历以及资源背景，更重要的是了解应聘者的知识总量和思维宽度、精度，语言组织能力、逻辑能力、概括总结能力和应变能力。

3. 问

面试官提问应聘者在简历和笔试及陈述中没有叙述出来的问题，提问应聘者在陈述中自相矛盾的地方或陈述中和简历相矛盾的地方，提问应聘者陈述的事实以及简历中反映出来的内容与应聘职位不相符的地方。

4. 答

应聘者在回答问题时要有应变能力，实事求是地回答问题，真诚面对面试官的提问。企业高层领导对应聘者的企业忠诚度和认可度、个人潜能、价值取向、职业规划、原则性、时效性、沟通协调能力等方面比较看重。应聘者在企业高层领导面试时要在职业规划、沟通协调能力、工作胜任能力、对企业忠诚度和认可度上详细回答。

五、面试的常见形式

（一）无领导小组讨论

此类面试一般分为以下环节。

1. 入座

从一开始的座位选择，就能体现一个人的个性。

一般由多位面试者进入一个会场，在一张或多张圆桌就座，若干位面试官坐于外围或圆桌的某一角，便于观察所有面试者的表现。

此时落座的速度、方位、与面试官的距离等都可以是"考点"。但这也是无领导小组讨论的弊端之一，受制于人的视角和注意力的自然选择，面试官难以将每位求职者的所有行为一一记录，因此此类面试只能反映最突出的"好"与"坏"。所以换个角度来说在此类面试中，无须时刻在意自己的表现，因为在意不一定会被注意，而刻意往往适得其反。

所以，选择座位可以顺其自然，快速坐在离自己最近或最远的空座都是不错的选择，前者干脆利落，后者提高效率——如果你能带着其他面试者跟着你行动，"领导力"就在无形中体现出来了。同时，在这类面试里，果断干脆也是正向关注点。

2. 发问

待所有面试者都入座后，一般会有一位面试官对本场无领导小组讨论的问题流程、时间、汇报方式作出规定。而后各小组围绕问题自行开始讨论。

在发问环节，认真专注是一个关注点。部分面试者会迅速拿出纸笔记录问题，不失为一项加分法宝。无论手头是否有"工具"，认真听讲，不要做无关的小动作、东张西望或是窃窃私语。

3. 分工

对于没有面试经验的人来说，可能还没完全理解面试官布置的任务时，圆桌上就会有一个气场全开的人"竞选"组长，然后还有一个摇晃着手表的人要做"计时者"。这类分工往往是先到先得，但也不乏经历一番内部竞争的，至于这样的竞争有无价值，全看面试官的观感了。如果有后续提问，说不定还会被问起。

一般常见的分工是这两个，计时者一般是标配，用于控制和协调每个人的发言时间，组长则负责把控全局，一般负责最后的汇报。因此也是无领导小组中最容易突出的两个角色。有时也会单独设立一个汇报者，甚至两个汇报者竞争上岗或相互补充。但"成也萧何败也萧何"，倘若小组表现不佳，这几个角色也是首当其冲获得差评。

此外就是普通的组员。分工后一般会快速商定讨论方式进程和时间控制，如逐个发言多少时间、汇总陈述多少时间、打磨完善多少时间等。之后按照顺序和商定的发言时间逐个发言。

4. 讨论

讨论过程中，一般不宜重复已有表述，可以表示同意并补充，或表示反对并说明。无领导小组讨论的问题或任务一般没有固定模式，更多属于需要权衡和选择的"两难"问题，需要在陈述理由的基础上做出最优选择。应避免无话可说，同时还应注意记住每个人的发言要点。

此类面试往往会在最后追加类似"刚才小组讨论中你最认可和不认可的观点"之类的提问，面试官可以从中发现小组的"意见领袖"，这是有别于主动竞选的组长的"无冕之王"。因此，如何提出让更多人认可的观点是此类面试的重点。

5. 总结

这一环节主要为向面试官汇报小组观点、方案做准备，由组长或汇报者汇总大家的观点，阐述小组观点、方案的初步表述，再由组员进行讨论，加以完善，通过这一过程，形成小组的"共识"。

这一环节主要展现组长或汇报者的总结归纳能力，同时由于他们是此环节的焦点，一般在前期环节不会安排他们主要发言，因此这一环节也是他们表达自身观点的时间。如何协调自身观点和他人观点以形成"共识"，既是对相应角色者的考验，也是对其他组员的考验，特别是与"共识"意见不同的少数，是坚持自我还是认同、完善"共识"，也是面试官可能关注的重点。

6. 汇报

在面试官宣布讨论时间结束后，面试者应迅速结束讨论。汇报环节中，一般由组长或汇报者先进行汇报。如果有多组同场，后发言的小组代表还应适当兼顾其他小组发言中的重复点突出不同点，以免发言雷同导致小组整体评分不高。汇报时，如何兼顾过程重现与主线清晰、全员带到与区分异同、个人观点与共识形成，都是对这一发言代表的考验，因此，容易出彩，也容易暴露不足。

尤其是在单组面试或时间较为充裕的情况下，面试官可能还会请小组各成员进行发言，此时，小组成员是维护共识还是强调自身观点，是相互指责还是发掘优点，都是面试官可能关注的要点。

综上，无领导小组面试作为一种多功能性的高效率面试方式，需要面试者充分准备，提升临场应变能力，同时也要端正心态，合理控制自身临场表现和面试后心情，不断提升心理素质和分析、表达能力。

（二）情景模拟

1. 观点表达

观点表达类情景模拟题常见于公务员面试和管理类岗位面试。通过在问题中设置背景、问题或要求，请面试者在规定时间内提出解决问题的方案或阐述自己的观点。

部分题目会描述角色身份，起到限定和提醒面试者作答的作用，不应忽视。对于未做出限定的题目，面试者也应从应聘岗位的角色身份特点加以判断和限定，进行"切合实际"的作答。

此类问题多为开放式，无固定答案，但根据行业、岗位特点有一定倾向性范围。回答过程中切忌"跟着感觉走"，而应利用好思考时间，尽可能做出条理清晰、逻辑自洽又不失特色的回答。

建议在准备此类问题时，可以先复习一下马克思主义哲学的一些基本概念，培养从多角度、历时态、辩证分析问题的能力，并训练在"三段式"的表达中完成回答。

目前，网上可以找到很多公务员考试的面试题，可以作为日常训练的参考。当你带着问题再来看整体与局部、主要矛盾与次要矛盾、矛盾的主次方面、量变与质变、客观环境和主观能动性辩证统一这些概念的时候，相信你会有不一样的发现。例如，对于解决职场中的疑难问题类的题目，应注意自身身份或从自身找问题；对于一些模棱两可的做法，要恰当地做出信任、指正或向上反映的区别对待；对于一些看起来于自身利益有损的问题，要学会"危中寻机"，把握好态度和行动的分寸；而举一反三做好善后措施，则是整体观、大局观的一种体现。

2. 行为演绎

如果说观点表达情景模拟题是自我脑海里演绎的"独角戏"，那么行为演绎类情景模拟题更像是与特定对象现场交锋的"对手戏"。具有明确的对象是这类面试题的最突出特点，也注定了在回答过程中，一定要以具体的对象特点来"加工"甚至"定制"回答，必要时还需要辅以肢体动作。多见于对人际沟通能力要求较高的管理服务、文娱演绎、营销推广类岗位。

尽管是"对手戏"，但也会存在对手"在场"或"不在场"的各种情况，可能的情境有：由工作人员作为"演员"，由面试者相互扮演"对手"，由面试官作为显在对象，有对象设定但无明确指向（此时一般可以将面试官作为潜在对象加以"利用"）等。

要做到"知假仿真"，在此类"答题"过程中，要始终记住这只是一种情境模拟，在此基础上认真对待。既要根据行为对象的反应或反馈灵活调整语言、动作、语气、神态等，更要确保体现、必要时"坚持"一条比较明确的答题思路。有时，面试者会遇到表演过于夸张的"胡搅蛮缠"型对手，此时一定要保持镇定，通过反复强调带出观点和主要动作，避免被对手误导或带偏，做出不当的行为或承诺。

当面试官要求多位面试者互为"对手"时，则更要结合面试官出题要求和自身特点当好"对手"，因为在你作为"工具人"的时候，其实对你的面试依然在进行。多数情况下，相互成就是比较稳妥的做法。

建议在准备此类问题时，可以参考一些求职类、谈话类节目，重点观察选手的节奏把握和临场应变，以及评委、嘉宾的点评或亲身示范。从出色的表现中进一步分析具体亮点，也从"过火"的表演中找到错误的原因或"失控"的节点。日常可以不时做一些自我模拟，既是一种行为演绎的训练，也是应对常规回答的思路梳理与自我完善。

3. 情境反应

情境反应类的面试题并不多见，一般作为长流程的面试的间隔环节，或是普通面试的突发情况出现，不提前告知面试者或设定看似无关的情境，考查面试者在一定情境下的自然反应。求职者无须提心吊胆、过度联想，只需注意无论是否参加面试，都应保持自信乐观、与人为善、随手助人等良好的日常习惯。

较为常见的是发生在候场、餐叙时,有工作人员通过闲谈或观察考查面试者,后者也被俗称为"吃饭面"。除了日常养成良好的待人接物习惯外,倘若已经注意到是"隐藏的面试",可以根据岗位特点表现出"谈笑风生"的一面不宜过度紧张过分放纵,要把"面试"整体当回事,而不是把工作人员说的"随意"当回事。

另一类更为常见的是在常规面试过程中以突然出现的无关联、开放式问题打断面试者思路,必要时加以连环追问和严肃表情,试图让面试者紧张而产生局促感,从而考查面试者在压力下的各种反应,即俗称的"压力面"。在当前普遍压力较大的职场环境中,无论岗位是否相关,承压能力都十分重要,因此这类"插曲"的出现频率颇高,其实面试官并不是真的想和你探讨某一问题。他们关注的焦点,或作为面试官应该关注的焦点,是面试者的反应,此时面试者应保持清醒和对自身的控制,保持回答思路清晰、节奏稳定,如果能够用幽默化解,则往往能起到事半功倍的奇效。

总之,情景模拟类题目作为一种试图突破固定问答模式的探索形式,因具有设计性,也更容易被形式化地应对,是可以通过一定的学习和训练加以准备的同时,因为"套路"太多,"不落俗套"又成为一项加分项。作为求职者,既可以结合自身特点去活用"套路",也可以通过面试过程的设计反观用人单位的思路从而更加自信、自如、自然地应对。

(三)实习

通常情况下,实习是招聘活动的后续环节,但有时也被作为招聘过程中的考查环节,多发生于对短期劳动力需求较高或招聘意愿不强烈的岗位,以及一些惯于使用"廉价劳动力"的行业。

对于面试者来说,这类实习多少有些煎熬,与常规面试相比,战线太长,而且需要投入的时间、精力和通勤甚至食宿方面的成本也高,因此需要擦亮眼睛多加判断。如果是行业惯例尚可考虑,特别是行业头部单位的实习,可以此锻炼提升自己,即便不能留任也能为简历添彩;如果明显能感到是以实习为幌子想占用"免费劳动力",应该及时"断舍离",以便有充足的时间投入到下一个求职面试中。

其实,无论是哪一个阶段的实习,作为实习生,都应该积极学习、认真实践,一方面学习和应用专业知识实践和提升岗位技能;另一方面观察、了解、融入用人单位业务流程与氛围,学习并遵守相关规范要求,为将来正式进入用人单位做好充分准备。

作为面试的实习,则还应尝试了解、尽可能明确实习周期、实习内容和考核方式，以便在开始前做出抉择，或在参与中注意积累。

过程中需要注意的地方和其他面试形式相似，难点在周期更长，需要接触的人和事更多，更考验工作态度和方法。如果存在竞争上岗的情况，还需要处理好竞争者之间的关系。

六、面试考核的具体内容

（一）工作胜任程度

面试官提问应聘者能做什么，有以下具体问题。

（1）你来应聘什么岗位，你为什么要应聘这个岗位？

（2）如果我录用你，你能够为我们做什么？

（3）你没有经验，如何让我相信你有这个能力胜任呢？

（4）你有能力胜任应聘的职位吗？

应聘者如何掌握谦虚的度，实在是一件大有学问的事。"满招损，谦受益"，应聘者一方面想出人头地，一方面又不自觉地受这种思想的影响，不敢大胆地发表自己的意见，礼让过头，贬低自己。这种过谦，特别在应聘外企时很不合时宜，往往弊大于利，适得其反。作为一个企业，理所当然要选择自信敬业的人。

应聘者面试的是什么行业、什么职位？这个很重要。应聘者需要对自己应聘的职位和行业有一定的了解。

应聘者在回答问题的时候可以围绕这是一份我热爱的职业，行业也有比较大的发展空间，个人的性格特征，个人的特长和能力这几点来回答。一般有关工作胜任程度的问题主要涉及两种面试者。

第一，应聘者有类似工作经验，可以将过往成绩及突出表现据实回答，以说明自己能胜任此工作。

第二，应聘者没有类似工作经验或是应届毕业生，招聘单位对应届毕业生提出这个问题，说明招聘单位并不真正在乎经验，在乎的是应聘者怎样回答。大家对这个问题的回答最好要体现出应聘者的诚恳、机智、果敢及敬业。如"作为应届毕业生，在工作经验方面的确会有所欠缺，因此在读书期间，我一直利用各职种机会在这个行业里做兼职。我也发现，实际工作远比书本知识丰富、复杂。但我有较强的责任心、适应能力和学习能力，而且比较勤奋，所以在兼职时能圆满完成各项工作，从中获取的经验也令我受益匪浅。请贵公司放心，学校所学及兼职的工作经验，使我一定能胜任这个职位"。可以从自己的性格、兴趣、爱好、人际关系及平时对该工作的关注等方面，侧面说明自己能够胜任此工作，并以自己对此工作的了解，让面试官相信自己能很快适应这份工作。

（二）潜质能力

潜质能力强调个人是否有良好的潜力，指学习、分析、思维、创新等综合能力。潜质能力是评判应聘者在短期内能否培养成有用人才的首要标准。提问具体包括以下几方面内容。

（1）你是否面对过一些令人左右为难的场合或问题？当你面对这些矛盾的时候，你会怎么做呢？

（2）你曾经组织过哪些富有创意的活动或项目？这些活动或项目的创新点在哪里？

（3）你认为你目前欠缺的知识技能是什么？你入职后，希望公司能够提供哪些方面的培训？是知识培训还是技能培训？

（4）请你讲述一件你成功或失败的事情。

有关潜质能力问题的回答，应聘者要注意面试官问题的侧重点，根据实际情况来回答。

（三）人际关系能力

人际关系能力主要包括处理冲突的能力，建立关系的能力，说服与影响他人的能力，团队合作与协调的能力，倾听与沟通的能力等。在企业面试的过程中，面试官对应聘者人际的适应性、人际合作的主动性、处理人际关系的原则性与灵活性，以及对组织中权属关系的意识（权限、服从、合作、协调、指导、纪律、监督）等方面进行考查。生活中人际关系类型是无穷尽的，但具体到企业单位，人际交往范围却有一定的职业侧重性。

1.按企业单位人际关系重点涉及的主体分类

（1）与领导的人际交往。例如：你和同学一起入职新单位，你工作勤奋，成绩突出，领导却对你印象不佳，反而同学受到领导信任，并且经常为难你，你怎么做？

（2）与同事的人际交往。例如：你是在职研究生，一年需要20天脱产学习，同事对你去学习有意见，认为你无法很好地完成工作，你将如何处理？

（3）与下属的人际交往。例如：你们公司有一个重大项目，之前是李某负责，由于李某工作出现重大失误，领导让你来接管项目，让李某担任副手，但李某态度消极，不配合，你怎么办？

（4）与群众的人际交往。例如：假如你是居委会的工作人员，社区有人反映小李总是玩架子鼓扰邻，你怎么去和小李沟通解决这件事？

（5）与亲朋的人际交往。例如：同事在工作时间离开一会儿，领导批评了他，但是他非常不服气，开始懈怠工作，你作为他的好朋友该怎么办？

（6）多重关系的人际交往。例如：你到一个新单位，同事对你不信任，领导也只是交给你一些琐碎的事情，请问遇到这种情况你怎么办？

2.人际关系沟通能力问题的五大答题技巧

（1）保持积极心态。阳光原则，是指在作答面试题时，要善于从积极的角度发现问题并解决问题。"积极的人像太阳，照到哪里哪里亮；消极的人像月亮，初一十五不一样。"心态是积极的还是消极的，直接反映了一个人的人格特征和内在品质，也决定了从什么样的角度思考和回答问题。消极的心态往往会将自己逼入绝境，而积极的心态总是能找到解决问题的方法和回答问题的思路。

（2）主动沟通交流。多数人际交往问题的根源是沟通不够。因此应聘者应该积极主动地进行沟通交流，并尽快调整自己的工作方式和交往方式，采取相应措施改变现有人际关系的状态。

（3）自我反思。在回答所有人际关系的问题时，应聘者首先要自我反思，考虑自己做的有什么不足，是沟通不够，还是不注意听取他人的意见或建议等。如果有这些问题，那么就表示自己要及时改正和调整；如果没有，就表示要寻求合适的时机向对方进行解释和说明，或主动征求对方意见，或吸收对方参与自己的工作或活动。

（4）权属意识。权属意识主要是指在一个组织中对上下级权属关系和服从意识的理解和认同。面试者在遇到涉及上下级关系的问题时，对上级做出的错误决定、提出的不符合实际的要求或提出难以胜任的工作，一般情况下首先应该是服从，然后再寻求时机解释或建议。

（5）回避冲突。回避冲突是指人际关系冲突时，可以采取暂时回避，日后再找恰当的场合和时机进行解释和沟通的办法。比如：因为某件工作引起领导的误解、批评，引起同事的误解和反对，都可以采取暂时回避、日后解释的方法化解。

（四）积极性、驱动力

企业招聘员工，除了考查能力、经验、素质，更重要的是考查应聘者能否持续地为企业服务、热爱企业、适应企业文化，与企业的价值观保持一致。具体面试问题如下。

1.有关企业认知的问题

请问你了解我们公司吗？

2.价值观衡量的问题

（1）请问你认为一份好工作应该是怎样的？

（2）你希望遇到怎样的老板和同事？

（3）你喜欢哪种风格的工作环境和工作方式？

3.有关工作态度的问题

（1）你怎么看待日常加班？

（2）你怎么面对工作中的压力？

4.有关诚信正直的问题

请给出一个你坚持认为做得正确的事情。

应聘者在回答有关积极性、驱动力的问题时，要将自己在面试前做好的准备，充分地展示出来，比如对公司的了解，要充分表达自己的工作态度，让面试官充分感受到你的积极性。应聘者在面试时，要向面试官充分传达5个重要信息。

（1）我能充分胜任这份工作。

（2）我有强烈的工作意愿。

（3）我是公司未来的有利资产。

（4）我有明确的求职目标和个人规划。

（5）与同事、团队合作的能力和意愿。

七、面试不能犯的错误

面试时，大多数应聘者很难给面试官留下深刻的印象。有些行为在面试过程中是非常忌讳的，一旦出现以下情况，面试失败概率在95%以上。

（一）不了解公司

很多职场新人在投简历时都属于普遍撒网，想着逮着一个是一个，往往对应聘公司不会做很多的了解。因此，很多人在面试过程中一问三不知，这是一种对自己不负责、对应聘公司不尊重的表现，企业一般不会选择这样的应聘者。

（二）面试时迟到

说好了10点面试，招聘者打电话过去："请问到了吗？""对不起，鞋跟断了，临时去买鞋。""堵车了，要晚点到。""家里临时有事，你们先面试其他人吧。"

这样的借口层出不穷。面试迟到是大忌，找各种理由搪塞更是大忌，这类应聘者存在"没有时间观念、态度散漫、无责任心"的一级危险信号，以及不够真诚的二级危险信号。企业就需要认真考虑此类求职者是否符合公司入职的基本标准；对于有些知名度高的企业，面对迟到的求职人员，甚至直接（say no）拒绝，让应聘者为自己的错误行为付出代价。

（三）找人陪同

有些刚毕业的大学生，第一次参加面试，难免心生恐惧，会找家人或朋友陪同。其实在面试官看来，这类应聘者往往不够自信和独立，依赖性太强，会使面试官怀疑应聘者能否适应高强度和高压力的工作。因此，提醒求职者们，面试不要怕，要充分展现出自己的自信和活力，切忌找父母、朋友陪同。就算真的找人陪同，也可让其在楼下等待，不要出现在面试官和招聘者面前。

（四）频繁跳槽

一两年内有多次跳槽经历的人，招聘者会谨慎对待。频繁跳槽意味着求职目标不明确，没有合理的规划和准确的定位，盲目进行各种尝试，对自身的价值、优势和能力都没有明确的认识。应聘者也许想不断试错，尝试各种岗位和机会，但成熟的企业更愿意招聘一个能稳定下来的员工，毕竟员工的离职也会给公司造成损失。

（五）伪造简历

几乎每一位招聘者在面试时都遇到过简历造假的求职者，只是造假程度不同。有的求职者为了能够收到面试邀约或者为了面试成功，夸大自己的工作经历，编造一些工作技能。其实在招聘者看来，简历造假是很低级的错误，因为第一，绝大部分造假很容易被揭穿。第二，能力不行还可以培养，人品不行是没救的。

（六）对前任公司满腹牢骚

当招聘者问起在上任公司的离职原因时，有的求职者就忍不住怨气冲天。抱怨不可怕，当抱怨成为一种习惯就很可怕了。喜欢抱怨的求职者会让面试官觉得你事事不从自身寻找原因，一味地抱怨公司、同事、制度，就好像一切问题都是外部因素导致，自己总是没错一样。这种求职者一般不能勇于承担责任，遇到问题只会想办法推卸责任，很难获得职场的成功。

（七）着装风格太糟糕

打造最稳妥的面试着装，关键要遵循"两原则""两适宜"。"两原则"是简单大方，整齐干净；"两适宜"是唯经典相宜，唯公司文化相宜。经典的才是永恒的，着装也是如此。参加不同性质公司的面试，着装要求是不同的，因此要有针对性地准备服装。学校、医院等机关单位的面试，如果你穿着低胸露背超短裙这一类的衣服，显然是不合适的；如果是时尚行业，你穿得和时尚一点儿关系都没有，也不合适。

（八）一味地顺从

面试时通常会出现这样一种现象，无论面试官提出什么样的问题，应聘者都只会点头说是。之所以如此，一方面是因为应聘者迫切地需要这份工作，另一方面是应聘者自身不自信，以为一味地顺从会增加他们面试的成功率，其实并非如此，这样做反而会让面试官觉得他们没有什么想法，或者是对自己没有要求。

（九）面试过程中接听电话

面试时一定要把手机关机或者调成静音，这一点非常重要。如果在面试的过程中手机响了，面试官会觉得你很没有礼貌，对这次面试不重视，而且面试容易被打断，就会给面试官留下很差的印象。

（十）不知行情乱开价

谈到薪水多半代表你有很大的概率会被录取，如果你狮子大开口，那么企业怎么敢用一个漫天要价的人？如果你不想吃亏，面试前应多打听相关行情，否则就采取"依公司规定"的保守策略。不知行情胡乱开价，会给公司留下不好的印象。

第三节　求职礼仪

应聘者的仪容仪表和言行举止往往会影响招聘者对应聘者的第一印象。在面中，应聘者应遵守以下礼仪规范。

一、面试仪容

面试前，应聘者应整理好仪容，保持头发整洁干净，不可留怪异的发型，也不可染发、烫发等。男士应确保头发长短适中，前不遮眉，侧不掩耳，后不及衣领。不可留鬓角、胡须，也不可留长发或剃光头。对于女士而言，如果是短发，则长度不宜过肩；如果是长发则应将头发扎起来或者绾起、盘起，不得披头散发。此外，女士的刘海不能遮住眼睛。应聘者无论男女，都应保持面部清洁，眼角、鼻孔及耳部无分泌物，口腔无异味。

面试之前，女士可化淡妆，以示尊重，但不可浓妆艳抹，也不可使用浓烈的香水。

二、面试仪表

仪表主要是指个体的着装。着装能够展示一个人的气质和修养。应聘者参加面试时应做到着装整洁、大方、搭配协调，适合面试场合，符合职业形象。

在应聘不同职位时，应聘者应根据所应聘职位的性质确定自己的穿着。例如，应聘技术人员等操作型职位时应穿着朴素；去广告公司应聘时应穿着时尚、个性；等等。

具体而言，女士着装应符合以下礼仪规范。

（1）着装应简洁、大方、合体。职业套装是最合适的选择。职业套装不能太薄、太透，其颜色应显得典雅、稳重而不抢眼。

（2）皮鞋的款式应简洁大方，鞋跟不宜太高，皮鞋的颜色应尽量与套装的颜色保持一致。如果不知道如何搭配颜色，则最简单易行的办法就是穿黑色的皮鞋。

（3）丝袜颜色以近似肤色为宜。穿丝袜时应注意随时检查是否有勾丝和破损的情况，若发现勾丝或破损，则应马上更换。最好随身带一双丝袜备用。

（4）可佩戴简单朴素且与服装相匹配的饰物。

男士着装应符合以下礼仪规范：

（1）在春秋和冬季，最好穿正式的西装面试；在夏季和秋季，应穿长袖衬衫，系领带，最好不要穿短袖衬衫或休闲衬衫。

（2）皮鞋的颜色应比裤子的颜色深，且无灰尘或污痕；鞋带要系牢。

总之，大学毕业生应通过着装展示年轻而富有朝气的一面，以清新的形象示人。

三、面试举止

举止是无声的语言，主要通过人的表情、姿势、动作等表现出来。它能够展示一个人的修养。应聘者面试时应注意以下礼仪。

（一）敲门进入

进入面试室前应先轻轻敲门，得到许可后方可进入，不可直接推门而入。敲门时应力度适中，不可用力过大。进入面试室时应体态端正、仪态大方，不可在进门前伸头张望，进门后，应转过身轻轻地关上门。

（二）主动问候

进入面试后应主动向面试官行点头礼或鞠躬礼，并向其问好，如"上午好""下午好""各位领导好"等，若面试官没有主动伸手与自己握手，则应聘者无须主动与之握手，进入面试室后，不能随便落座，而应待面试官说"请坐"时才能入座，并且应坐到面试官指定的座位上。

（三）态度恭谦

应聘者在面试过程中回答问题时应精神集中、态度恭谦，给面试官留下诚恳、自信、乐观、不卑不亢的印象。如实地回答面试官的提问，切忌含糊其词。

（四）注重仪态

1. 坐姿

应聘者落座后，应保持端正的坐姿。正确的坐姿如下：坐满椅子的2/3，上身自然挺直并略向前倾，双脚、双膝并拢，双手自然放于腿上等。需要注意的是，不能坐满整个椅面，否则显得太随意；也不能坐在椅子边沿上，否则显得太过拘谨。

2. 眼神

合适的眼神可以展示应聘者的自信，也可以表达对面试官的尊重。与面试官交谈时，应聘者应自然地注视面试官，且最好将目光集中在对方的眼睛与鼻子之间的三角区，切勿长时间直视对方的眼睛或避免与对方有眼神接触。注视面试官时，每次对视时长以15秒左右为宜，然后转而注视他处，间隔30秒左右之后再转而注视面试官。

3. 笑容

俗话说："面带三分笑，礼数已先到。"微笑是最美的语言。应聘者在面试过程中应保持自然的微笑，这样既能够适当地消除紧张感，又能够展现自己的自信，提升自己的外部形象，还能够增进沟通，拉近自己与面试官的心理距离。

4. 手势

在面试过程中，应聘者可以适当地使用手势，但应确保手势得体、协调，手势并非多多益善，而应适量。手势的使用频率、摆动幅度及所呈现的姿态等都应配合声音语言进行。过多、过杂且姿态不雅的手势会给人以张牙舞爪和缺乏修养之感。

5. 注意聆听

在面试过程中，应聘者一定要仔细聆听面试官的讲话并适时以"嗯""对""是的""我想是的"等话语予以回应。这样能够给面试官留下良好的印象。聆听是有礼貌、有修养的表现，若随意打断面试官的讲话或抢着发言，则可能给面试官留下急躁、不够稳重、缺乏修养的印象。

6. 谈吐文雅

面试官一般比较欣赏谈吐优雅、表达清晰、逻辑性强的应聘者。应聘者在与面试官交谈时应语言简洁、吐词清楚、条理清晰。同时，应多用敬语，如提到面试官时要用"您"，提到应聘的公司时要用"贵公司"等。

与面试官交谈时不要发生争论，不要抢话头，不要连珠炮式地发问，也不要乱开玩笑。当对方谈兴正浓时，不要轻易转移话题。在表达自己的观点时根据实际情况谈自己的看法，也可以使用"我很同意您的观点"之类的话来回应。在面试过程中，可以真诚地表达自己的意愿，如可以直接表达"我真心想得到这份工作"等意愿，然后运用恰当的语言说明自己能够胜任所应聘职位的理由。

需要注意的是，在交谈过程中切勿过多地使用"呢""啦""吧""啊"等语气词，也不要使用口头禅，否则会影响表达效果，并给面试官留下不良印象。

7. 适时告辞

当面试官示意面试结束时，应聘者应微笑着起立，感谢用人单位给予面试的机会，然后道"再见"，最后从容地走出房间并轻轻地关上门。如果进入面试室时有人接待或引导，则离开面试室时应向其致谢、告辞。

第四章 大学生就业的程序与权益保障

本章主要内容为大学生就业的程序与权益保障，主要论述了大学生就业的一般流程、就业协议书的签订、就业相关手续的办理以及大学生就业享有的权利和应尽的义务，并对大学生求职中遇到的陷阱结合实际案例进行分析。

第一节 就业的流程

一、毕业生就业流程

高校毕业生的就业流程大体相同，如图4-1-1所示。

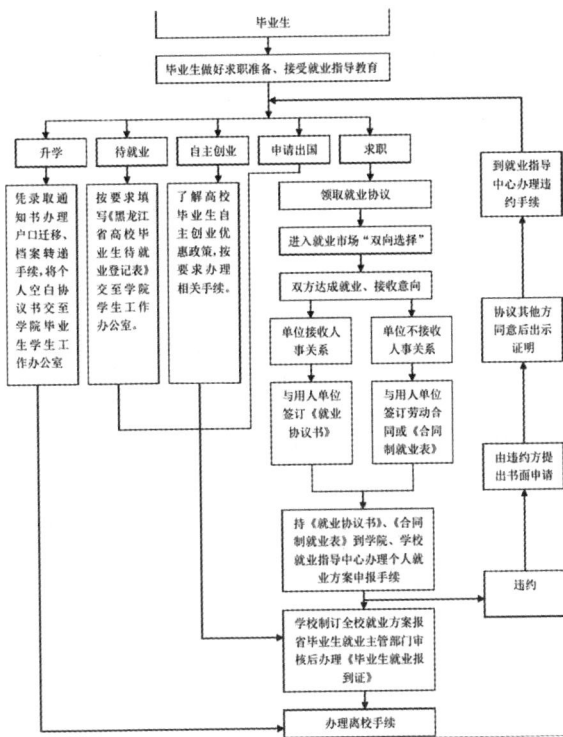

图 4-1-1 高校毕业生就业流程图

二、签订就业协议书

（一）就业协议书简介

1. 就业协议书的概念

就业协议书，全称《全国普通高等学校毕业生就业协议书》，俗称"三方协议"，是普通高等学校毕业生和用人单位在正式确立劳动人事关系前，经双向选择，在规定期限内就确立就业关系、明确双方权利和义务而达成的书面协议。毕业生和用人单位经过双向选择后，确定了录用意向，不过因毕业生尚未毕业，无法建立正式的劳动关系，在这种情况下，经过学校的鉴证和担保，用人单位和毕业生签订就业协议书。

就业协议书是毕业生就业和用人单位接收毕业生的重要依据。签订了就业协议书，也就意味着毕业生在毕业后有了正式的就业去向，用人单位也将依据协议书上的约定条款来接收毕业生。同时，就业协议书也是学校实施毕业生就业管理和编制就业方案、进行就业派遣等有关事项的重要依据。因此，就业协议书对于毕业生、高校和用人单位而言，都有着非常重要的意义。

就业协议书最初由国家教委高校学生司提供式样，各省、市就业主管部门在此基础上亦可略做修改，后逐渐演变出各省、市不同的协议书式样。标准的就业协议书一式四份，一份为用人单位联，一份为学校联，一份为学生联，一份为办理有关手续联。

如图 4-1-2 所示，就业协议书一般包含三个方面的内容：协议主体方基本信息；协议内容条款；协议主体签字盖章处。协议主体方基本信息部分，主要包括了甲方（用人单位）和乙方（毕业生）的基本信息，甲方如单位名称、通信地址、联系电话、组织机构代码（全国统一社会信用代码）、档案接收单位名称地址等，乙方如姓名、毕业院校、家庭地址、专业、身份证号、学号、联系电话等；协议条款内容，包括合同期、试用期、薪资待遇及违约金等，不同省、市的协议书条款内容详略不一，但一般都会列有补充条款，可以由签约主体自行补充。协议主体签字盖章处，则是单位、学生及高校三方签字盖章的部分，关乎就业协议书生效与否。

甲方	单位名称					组织机构代 码	
	联系人			联系电话		电子邮箱	
	通信地址					邮政编码	
	单位性质	□机关□部队□国家基层项目□地方基层项目□农村建制村□城镇社区 □科研设计单位□高等教育单位□中初教育单位□医疗卫生单位 □艰苦事业单位□其他事业单位□科研助理 □国有企业□三资企业□艰苦行业企业□其他企业					
	档案接收	单位名称					
		单位地址				邮政编码	
乙方	姓　　名		性别		学号	身份证号	
	毕业院校			学历		专业	
	通信地址			邮政编码		联系电话	
	家庭地址			邮政编码		联系电话	

一、甲方同意录（聘）用乙方；乙方同意毕业后到甲方工作。
二、符合下列情况之一，经书面告知对方后，本协议解除：1．甲方被撤销或依法宣告破产；2．乙方在毕业离校前升学、入伍、被录用为国家公务员或参加国家及地方志愿服务项目；3．乙方报到时未取得毕业资格；4．乙方被判处拘役以上刑罚或者被劳动教养；5．法律、法规、政策规定的其他情况。
三、未尽事宜，由甲乙双方依照有关法律、法规、规章和政策规定，另行约定。
四、本协议仅作为办理《就业报到证》的依据。

甲方（公章）： 联系人： 　　　　年　　月　　日	乙方（签名）： 　　　　年　　月　　日

图 4-1-2　就业协议书样本

2. 签订主体的权利和义务

作为就业协议书签订的主体，毕业生本人、用人单位及学校应当在签约之前明确各自的权利和义务，这对于毕业生维护合法权益、高校顺利开展就业工作、用人单位广泛吸纳人才具有重要意义。

（1）毕业生的权利和义务

毕业生享有平等就业和自主择业的权利。《中华人民共和国劳动法》规定，"劳动者享有平等就业和选择职业的权利"，高校毕业生在求职就业过程中，包括家长、亲属在内，任何单位和个人均不能对毕业生选择职业进行干涉或强制择业。当然，由于毕业生社会阅历较浅，应当充分与老师、家长等进行沟通，了解意向行业相关情况，在做好充分准备后，结合自己意愿，根据自身实际情况做出选择。

毕业生享有全面了解用人单位情况的权利。在就业过程中，毕业生应当充分了解用人单位在招聘过程中的使用意图及其工作环境、工作时间、薪酬待遇等情况，继而选择职业，确定签约单位，此项权利的使用是关系到毕业生未来的事业前途和生活状况的重点。

毕业生具有如实介绍个人情况的义务。在求职过程中，毕业生有义务向用人单位翔实、全面地介绍个人基本情况，一般包括学习成绩、健康状况、培养方式、在校表现、社会经历、技能特长等，并需提供相应佐证材料加以支撑，这也是用人单位能够准确了解毕业生情况的重要基础。

毕业生具有接受用人单位测试考核的义务。在招聘过程中，无论是笔试或是面试，用人单位为了招聘到符合要求的毕业生，往往采用测试考核的手段了解毕业生具体情况，毕业生应予以积极配合，通过测试考核充分展现个人能力，以获得用人单位的认可，从而得到预期的工作。

（2）学校的权利和义务

学校是毕业生的培养单位，是联系用人单位和毕业生的纽带，在就业活动当中起到至关重要的作用。学校在毕业生签约过程中起到"监督""证明"作用，同样拥有相应的权利和义务。

首先，学校具有对毕业生开展就业指导、就业帮扶、广泛联系、引进用人单位并向用人单位推荐毕业生的义务。其次，学校具有辅助向毕业生、用人单位双方提供相关信息的义务，如毕业生成绩证明、学业证明等，用人单位情况介绍、资质及合法性鉴定等，以保证就业活动顺利开展，合法合规。最后，根据国家相关法律政策规定，学校具有对毕业生、用人单位双方就业协议签署表达是否同意的权利。

（3）用人单位的权利和义务

用人单位具有全面了解毕业生相关情况的权利。在用人单位进行招聘的过程中，可以对应聘人员的综合素质、知识水平及专业技能等进行考查，可以要求学校及毕业生本人提供相应的佐证材料，并开展具有针对性的测试与考核，最终决定是否录用。

用人单位具有向学校及毕业生介绍单位实际情况的义务，其中应包括单位的资质、合法性，招聘用人的意图、工作环境、工作时间、薪酬待遇等相关情况。

（二）就业协议书的发放与使用

就业协议书一般由学校就业部门统一发放，由院系辅导员进行专门保管。每位毕业生应当对应一份就业协议书，且协议书编号唯一，不能错拿错用，否则将会给毕业生签约造成麻烦。

毕业生确定就业意向单位后，应持用人单位出具的录用函到辅导员处领取就业协议书，领取时应注意核对自己的协议书编号，以免拿错。领取后，须妥善保管，并尽快与用人单位完成签约，并带回学校登记盖章。

不同高校的就业协议书管理办法在细则上会有所差异。毕业生在求职签约前，应先仔细了解本校就业协议书管理办法。签约过程中，遵照协议书管理办法办理相关手续。

（三）就业协议书的签订原则

1. 就业协议书的签订原则

（1）主体合法原则。对毕业生而言，必须要取得毕业资格，否则用人单位可以不予接收而无须承担法律责任；对用人单位而言，单位必须具有合法从事各项经营或管理活动的资格，否则毕业生可解除协议而无须承担违约责任。

（2）平等协商原则。协议签订双方的法律地位是平等的，权利与义务相一致。签约时既要尊重对方的合理要求，又要学会保护自己的合法权益。采取欺骗等违法手段签订的就业协议无效。用人单位不应在签订就业协议时要求毕业生交纳风险金、保证金。

2. 就业协议的签订程序

（1）毕业生与用人单位达成就业意向。

（2）毕业生到学院辅导员处领取就业协议书。

（3）毕业生与用人单位协商签约事宜，协议书各项内容应填写完整，学生签字、用人单位盖章后即生效。

（4）毕业生登录校就业信息服务网，按照要求输入就业协议书相关内容。

（5）辅导员审核并网上确认，毕业生将就业协议书送至学校毕业生就业指导办公室盖章。

（6）协议书一式四联，学校盖完章后，学生、用人单位、学校各执一联。红色联由单位或学生留存，用于办理相关手续。

3. 就业协议书的管理

就业协议书实行编号管理，不得借用或调换，学生领取协议书之后必须妥善保管并及时与用人单位签约。学校不同时为一名毕业生提供多份协议书及办理鉴证登记。协议书发放时间：每年 11 月 1 日—11 月 30 日。

（四）就业协议书签订的注意事项

签订就业协议一般要经过如下程序：第一，毕业生到学院就业办领取就业协议书。第二，毕业生和用人单位达成就业意向后，双方在就业协议书上签字盖章。第三，无独立人事权的用人单位须报请上级主管部门在就业协议书上签字盖章。第四，毕业生所属学院就业办审核就业协议并签字盖章。第五，学校就业中心审核就业协议并签字盖章。

就业协议书是明确学校、用人单位、毕业生权利和义务的书面材料，具有法律约束力，也是涉及毕业生切身利益的重要材料，因此，在签订过程中要格外注意以下几点。

1. 知己知彼，慎重签约

签约要慎重！

毕业生经历重重考核最终获得录用资质，迎来了签约环节，心里多半是非常开心的。不过毕业生在这时也万不可大意，如果说求职的时候可能还是普遍撒网，重点培养，那么一旦进入到签约环节，则意味着对方就是自己毕业后真正要去工作的单位，这一决定将会影响到我们毕业后的职业发展和工作生活境况，建议毕业生在签约前，再一次仔细考察用人单位各方面情况，并思考清楚自身职业发展定位，做出理性决策后再行签约。

在知彼层面，毕业生应细致了解用人单位所处行业发展趋势、用人单位发展现状、职位要求及发展前景、工作报酬等情况，对用人单位的全面了解会有助于我们做出理性的决定。在知己层面，毕业生应明确自身职业定位及发展规划考虑清楚签约单位是否符合自己对工作的重要要求和期待。毕竟，"钱多事少离家近，位高权重责任轻"的工作在现实中很难找到，每一份工作都会遇到困难和挑战，对于毕业生而言，明确自身的个人定位非常重要，不应单纯依靠外部标准来判断一份工作的好坏。一旦签约成功，毕业生就与用人单位达成了正式的工作约定，需要承担相应的法律责任。

2. 明确权责，定于纸面

为保障自身的合法权益，在签约过程中，毕业生应与用人单位明确双方的权利与义务，对于一些重要事项一定要落实到书面形式。具体注意以下事项。

（1）明确用人单位主体资格。签订就业协议前，毕业生应确定用人单位是否具备合法的主体资格。一般说来，用人单位应当在相关部门进行过正式的注册登记，具有全国统一社会信用代码，且具有人员招录资格。有些单位可能自身不具备招录权力，则须经过具有招录权力的上级主管部门批准同意后，方可进行招录，签约时亦应在协议书上加盖上级主管部门公章。同时，毕业生还应提前确认用人单位是否能够接收毕业生户籍或是协助毕业生办理户籍申请手续，以及是否具备接收毕业生档案的资质；若不具备档案接收资质，则应确认是否有上级主管单位或委托的人才机构可以接收毕业生档案。毕业后，用人单位依据毕业生就业报到证正式接收毕业生，并订立劳动合同，同时办理户籍和档案的转递手续。

（2）认真审查协议书内容。就业协议的条款内容约定了双方的权利与义务，对于用人单位和毕业生而言都非常重要。毕业生在签订协议前，应仔细阅读了解协议书条款内容。在签订协议时，应与用人单位当面协商并填写完整协议书内容。若用人单位已经将协议书条款填写完成，则应注意检查以下两点：首先，协议条款中不得有违背国家现行法律法规的内容；其次，协议条款中约定的双方权利与义务是否合理，自己是否能够接受。尤其对于合同期限、工作报酬、违约责任等一些重要条款要仔细确认。

（3）重视补充协议。由于现在各省市使用的就业协议书内容相对简单，若一旦发生劳动纠纷，双方权责将很难厘清，为避免纠纷，在签订协议书时，毕业生可有意识地将协议书内容与劳动合同做好衔接，与用人单位协商，尽可能将协议条款未涉及、但却与劳动合同有关的重要内容如合同期、试用期、工作内容、工作报酬、违约责任等以补充协议的形式体现出来，必须指出，补充协议书和主协议书具有同等法律效力。对于毕业生而言，协议书中的补充条款或备注栏还可以与用人单位就协议解除条件达成意向，如毕业生由于参加国家就业项目、应征入伍、升学（留学）、体检不合格等无法履行协议，协议可自动解除，应将这些约定记载于协议备注栏或礼充条款中。这样，在约定的情况发生时，双方都无须承担违反就业协议的责任。若无约定事项，则应在备注栏中说明"以下空白"或"无"。

（4）协议的形式合法。毕业生和用人单位对协议书的各项条款经协商一致，在签约时要注意完整地履行手续。首先，用人单位和毕业生应填写完整各自的基本信息，并将双方协商一致的条款内容填写完整。其次，用人单位在就业协议书上加盖公章并注明时间，不能用个人签字代替单位公章。毕业生本人在协议书上签字并写明时间。再次，将就业协议书交至学校就业主管部门办理相关手续。最后，毕业生、用人单位、学校各保留一份协议。

（五）就业协议书的解约流程和法律性质

1. 就业协议书解约流程

毕业生签订就业协议书后，如因各种原因需办理解约，首先应与原单位协商一致，取得原单位加盖公章的解约函；其次，将解约函与原就业协议书送交至学校就业主管部门，办理解约手续。手续完成后，毕业生可领取新的就业协议书或更新其他毕业去向。在实际的就业流程中，毕业生提出解约往往需要承担解约所带来的经济成本和时间成本，一方面，毕业生可能需要付协议书上所约定的违约金；另一方面，有些用人单位的解约流程耗时较长，若毕业生后续有了其他意向单位急于签约却因迟迟拿不到解约函而无法办理解约，也无法领取新的三方协议，则很有可能既丢了芝麻，又丢了西瓜，建议毕业生在签约和解约前都慎重考虑，想清楚自己的决定可能会带来的风险与结果，做好后续的打算。

2. 就业协议书的法律性质

就业协议书的出现源于国家教委的部门行政规章，我国现行法律中对于就业协议的性质没有直接的适用规定，这就意味着在就业协议书出现纠纷时，没有明确可依的法律准则。学术界对此多有探讨，就业协议书法律性质的界定与其签约主体有着很大的关系，就业协议书之所以被称作三方协议，是因为高校在就业协议书签订和生效的过程中扮演着主体之一的作用，若高校未盖章认可，则毕业生与用人单位签订的就业协议书无效。这样一来，毕业生无法作为独立自主的个体完成签约，也使得就业协议书的法律性质有了不少争议。近年来，随着市场经济的发展，高校在毕业生就业过程中的行政干预力量逐渐减弱。在上海、广州等地区，就业协议书已经成为毕业生与用人单位之间的双方协议，高校作为第三方，只起到鉴证的作用。在此种情况下，就业协议书真正成为毕业生与用人单位间以平等的身份签订的协议，可以归属于民事合同的范畴，适用于《中华人民共和国民法通则》和《合同法》。值得一提的是，因为就业协议书不属于正式的劳动合同，因而不适用于《劳动合同法》。由就业协议书引发的纠纷无法申请劳动仲裁，可以先争取协商解决，或联系学校进行中间调解，如调解不成，再提起上诉，不过这样对毕业生和用人单位而言时间成本和经济成本都较高，尤其是对毕业生来说，签订就业协议书后需要按照一系列时间节点办理各项就业手续，如果因协议书纠纷进入法律程序，可能会影响正常的就业流程，一定要审慎处理。

（六）就业协议的违约处理

就业协议书一经签订即具备法律效力，受到法律保护，除非签约主体协商一致解除，否则任何一方私自解除协议，均应承担违约责任。就毕业生而言，如不依照约定未及时到用人单位报到工作，应按照约定向用人单位支付违约金或承担其他违约责任；如因个人原因无法达到约定的就业条件（如未取得学位证书等），用人单位可以拒绝接收毕业生而不用承担违约责任。就用人单位而言，如其未按照约定接收毕业生、无法安排已约定岗位的，应向毕业生支付违约金并承担相应违约责任。

当前社会，高校毕业生人数逐年增多，就业工作难度逐年增加。毕业生在签订就业协议书之前一定慎重考虑，尽可能少或者不毁约，充分体现当代大学生的诚实守信，充分认识到违约的各种影响，对学校、对他人就业工作的影响和对于就业信息的浪费等。

（七）签约的新形式——网上签约

信息时代的发展极大地提高了办事效率，近年来，毕业生求职签约的过程越来越依托网络平台进行。简历可以在线投递，面试可以在线视频，就连签约也可以网上办理了。早在 2006 年起，山东省内高校毕业生的签约手续就在网上办理了，不过网上签约尚不能替代纸质协议书，毕业生仍需在网上签约后将协议书打印出来完成签字盖章手续。上海市教委近几年也搭建了网络签约系统，如需网上签约，毕业生和用人单位可登录上海学生就业创业服务网进行操作。近两年为了使毕业生和用人单位足不出户就能进行签约，不少高校也推出线上签约方式。网上签约作为一种新型的签约形式，虽未替代纸质签约，但也成为一种新的趋势，使得毕业生就业流程的办理更加便捷和透明。

目前，各地区各高校网上签约依托的平台不同，签约流程也有差异。以上海地区为例，网上签约需要由学生先登录上海学生就业综合服务平台进行协议申请；再由用人单位进入上海市用人单位服务交流平台进行协议填写和维护，将协议内容发送至学生；学生确认无误后，将协议书打印一式四份，完成本人签字和单位盖章，再交至学校就业中心盖章，完成线下签约；最后，由学校登陆上海高校就业综合服务管理平台完成就业协议审核。

网上签约的形式，将原本线下的签约过程转移到了线上，使得签约不再受各主体方时空上的限制，协议条款的内容经双方线上确认后，再打印好签字盖章，也一定程度上防止了线下签约时可能出现的信息不对称及签约流程不规范等问题。网上签约时，学生应当注意提前与单位做好沟通。对于合同期限、工作岗位、试用期、薪资、违约责任条款等重要内容做好协商。网上签约前，仔细阅读各项条款，确认无异议后再进入学校审核和签字盖章环节。

三、就业相关手续的办理

（一）生成并核对毕业去向

1. 毕业去向的分类

毕业前，每个毕业生都应在学校的就业部门登记自己的毕业去向。按照教育部对于毕业生就业数据统计的要求，毕业生去向可分为以下九类：

（1）签订就业协议形式就业。指毕业生签订就业协议书（三方协议）就业。

（2）签订劳动合同形式就业。指毕业生直接签订劳动合同就业。

（3）其他录用形式就业。指毕业生与用人单位签订其他形式的协议就业。

（4）项目类就业。指毕业生参加特岗教师、"三支一扶"、西部计划、科研助理、应征义务兵等国家地方项目就业。

（5）自主创业。指毕业生毕业后自主创办企业。

（6）自由职业。指毕业生从事自由职业。

（7）升学。指毕业生在境内外高校升学深造，攻读硕（博）士研究生、第二学士学位或专升本。

（8）待就业。指毕业生有就业意愿未就业。

（9）不就业。指毕业生无就业意愿，暂不就业。

具体到每个省市、每个学校在统计毕业生就业去向时，分类可能会与教育部略有不同，建议大家在登记自己毕业去向时，参考学校就业主管部门的要求进行登记。

2. 生成毕业去向

毕业去向登记从毕业生进入毕业学年后就可以陆续进行，只要毕业生确定了去向且材料齐全，就可以将材料递交给学校辅导员或就业部门进行去向登记。登记并递交材料后，学校就业部门会对毕业生的去向进行审核。审核通过后，毕业生就业去向即生成成功。毕业离校时，学校会依据毕业去向进行就业派遣。

3. 核对毕业去向

为了避免毕业去向在登记和审核的过程中出现误差，多数学校在正式办理毕业派遣手续之前，会通知毕业生核对自己的毕业去向。核对的内容一般包括去向类型、去向名称、报到证打印单位、档案转递地址等。毕业生在收到核对通知后应当认真对待，并在规定时间内完成核对。如有错误，应及时向辅导员或学校就业主管部门提出并进行更正，以免带来不必要的麻烦。

（二）办理离校手续

毕业生毕业前，还需要办理完成离校手续，方可领取毕业证书和学位证书。传统流程是毕业生到相关部门领取（或由辅导员发放）《离校通知单》，并按照《离校通知单》上所列部门逐一办理离校手续。近年来，有些学校采取信息化管理，毕业生只需登陆学校管理系统，即可查看自己需要办理离校手续的部门，并逐一联系相关部门在网上进行离校手续的审批，若有现场交接需要，再进行线下办理。

离校手续一般包含：向后勤保障部门交还宿舍钥匙、床、桌、椅等自己使用的学校财产；向财务部门缴清学费、住宿费等费用；向图书馆归还借阅书籍等，如有遗失或损坏，需按照学校相关规定进行赔偿处理；到校园卡管理部门办理校园卡注销；办理过助学贷款的同学还应办妥助学贷款还款手续。毕业生毕业前虽然有很多事情要做，但离校手续一定不要忽略，要及时关注学校的相关通知，办好离校手续后，方可顺利离校。

（三）户口迁移

学生入学时，如果把户口迁到了学校，毕业时，还需要把户口从学校的集体户口迁出。在中国，户口是一个人存在的证明，毕业生务必要加以重视，如果毕业多年不办理户口迁移，则有可能变成"黑户"，将会面临各种麻烦，比如没法办理身份证、结婚证、升学读书、买房等重要事项。

1. 确认户口迁移去向

毕业生离校前，学校会发布毕业生办理户口迁移的通知。毕业生收到通知后，应当及时配合学校明确自己的户口迁移去向，在规定时间进行上报。户口迁移的具体去向可参考如下原则。

（1）有工作单位且单位可办理落户的毕业生，户口可迁往工作单位所在地。

（2）升学毕业生，户口可迁往录取学校。

（3）国家地方项目就业或公派出国毕业生，户口按照项目协议规定，可保留在学校。

（4）出国/境、自由职业、待就业/不就业、落实单位但无法办理工作地落户的毕业生，户口迁回生源地。

（5）因各种原因需将户口迁往非生源地、工作地的其他地区的毕业生，需向学校就业部门提供当地公安部门的准予迁入证明。

2. 办理户口迁移证

学生确认户口迁移去向后，学校户籍管理部门将统一到辖区公安机关为毕业生办理户口迁移证，并通过辅导员或班主任发放给毕业生。

3. 到迁入地办理落户手续

毕业生领取户口迁移证后，应核对迁移证上的户口迁移地址是否准确，如有错误应及时向学校提出并更正。户口迁移证一般有一个月的有效期，毕业应携带户口迁移证、毕业生就业报到证及其他相关材料，在有效期内及时到迁入地公安机关办理落户手续。

已领取户口迁移证因故一直未办理落户手续的毕业生，需咨询原户籍迁出地公安机关，按相关规定办理。

未在学校规定时间内统一办理户口迁移的毕业生，后续办理户口迁移，需先咨询所在学校户籍管理部门及就业部门，携带相关材料自行前往公安机关办理户口迁移证。

（四）档案转递

学生毕业后，档案也应该随之迁出。不过档案在我们平常的学习生活中很少用到，因此有不少同学觉得档案没什么用。殊不知，学生档案是个人人事档案的一部分，包括了学生在学校阶段的思想、学习、奖惩等各方面的表现记录，也是大学生就业及其今后组织选拔、任用、考核的主要依据。档案如果遗失或缺漏，很可能会给我们日后的工作和生活带来麻烦。

1. 档案内容

学生在校期间的档案也叫"学籍档案"，它记录了学生在校的学习成绩、家庭状况、在校期间表现和奖惩情况等。具体到档案中的材料，一般包含大学新生入学登记表、毕业生登记表、体检表、大学成绩单、党团组织材料、学士学位证明、毕业生就业报到证等，根据学校和个人情况的不同，还可能包括毕业论文成绩实习鉴定、奖惩情况、教师资格证申请表等。

2. 毕业生档案去向

（1）毕业生确定档案去向，在生成毕业去向后，毕业生的档案去向也可随之确定。毕业生确定好档案接收去向后，应及时上报学校。

（2）学校审核档案去向。一般来说，毕业生上报档案去向后，学校就业部门会对毕业生档案去向进行审核。在不同省市，档案转递方式可能有所区别，一般而言，档案应由机要部门进行投递，有时会存在毕业生的档案地址机要局无法投递的情况，这时就需要毕业生再次联系用人单位确认或变更档案转递地址。

（3）整理并转递档案。毕业生离校前，学校辅导员或班主任会配合学生档案室整理毕业生的档案材料，一般而言，要将学生的成绩单、毕业登记表和就业通知书等相关材料放入毕业生档案后，贴好档案封条，再行转递档案。

（4）查询档案转递情况。毕业生应及时关注档案转递的具体情况，以防档案转出过程中发生遗失。一般而言，档案转出后，一周左右会到达转递单位，毕业生可向档案转递单位进行查询，若长时间未接收到档案，则应向学校档案管理部门进行咨询。

（五）申请报到证

1. 报到证的概念

报到证（图 4-1-3）的全称是“全国普通高等学校本专科毕业生就业报到证”（也简称“派遣证”）是列入国家计划内招生的大中专毕业生的一种重要标志，由教育部直接印刷，省级高校毕业生就业管理部门单独签发。

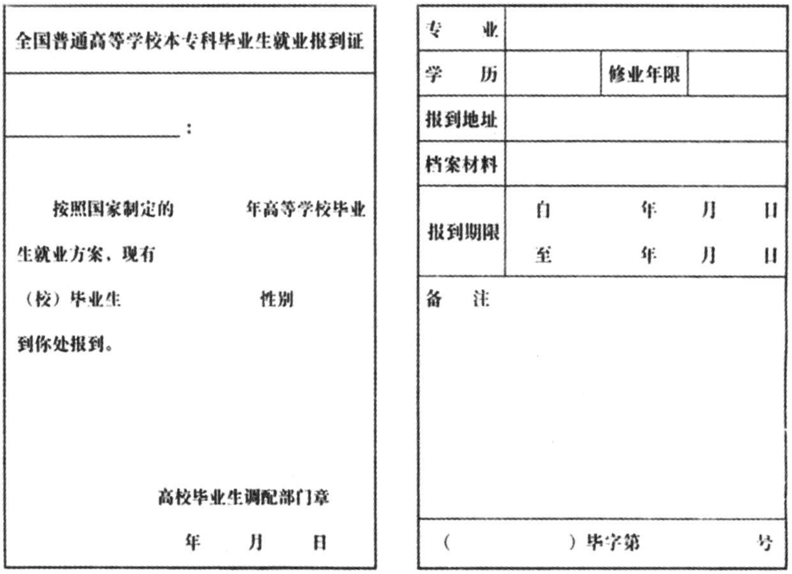

全国普通高等学校本专科毕业生就业报到证

________：

按照国家制定的　　　年高等学校毕业生就业方案，现有　　　（校）毕业生　　　性别　　　到你处报到。

高校毕业生调配部门章

年　　月　　日

专　业			
学　历		修业年限	
报到地址			
档案材料			
报到期限	自　　年　　月　　日 至　　年　　月　　日		
备　注			
（　　）毕字第　　号			

图 4-1-3　就业报到证

2. 报到证的作用

（1）报到证是教育主管部门正式派遣毕业生的凭证，是干部身份证明。

（2）报到证是毕业生到用人单位报到，以及用人单位接收毕业生的重要凭证。凭报到证报到以后，方可开始计算工龄。

（3）报到证是任何一个合法的人才中心、档案管理机构接收毕业生档案的证明。

（4）报到证是用人单位给毕业生落户、接管档案的重要凭证。

（5）报到证是毕业生未来职位升迁、职称评定的重要凭证。

报到证必须妥善保管，不论什么原因，凡自行涂改、撕毁的报到证一律作废。建议拿到报到证原件后，自行复印一份，并妥善保存和使用原件及复印件。如报到证遗失，应由毕业生本人提出，由学校上报省、市毕业生就业主管部门批准并予以补发。

3. 哪类学生需要报到证

并不是每一位毕业生都会有报到证的，这和毕业生就业去向有关。毕业生就业去向分成五类：第一类，签就业协议就业、合同就业、出国、灵活就业、待就业。第二类，升学，指在国内攻读博士或博士后。第三类，定向生。第四类，暂缓派遣。第五类，延期毕业。以上五类，只有第一类会开具报到证，后面四类都没有。

（六）党组织关系转移

党组织关系是党员对党的基层组织的隶属关系，每个党员都必须编入党的一个支部、小组或者其他特定组织。根据《中国共产党党员教育管理工作条例》规定，党员工作单位、经常居住地发生变动的，或者外出学习、工作、生活 6 个月以上并且地点相对固定的，应当转移组织关系。因此，身为党员的毕业生在离校时，应当将自己的党组织关系转移到新的单位，继续组织生活。

1. 毕业生党组织关系转移流程

（1）确认介绍信抬头。毕业生在转递党组织关系时，首先要弄清楚自己党组织关系介绍信的抬头，即党组织关系转向何处。一般而言，可参考如下规则（表4-1-1）。

表 4-1-1　党组织关系转移去向基本原则

去向类型及情况	党组织关系转移去向
落实就业单位且单位有党组织	单位党组织
落实就业单位但单位无党组织	单位所在地/本人居住街道、乡镇党组织/县以上政府所属公共就业和人才服务机构党组织
未落实就业单位	原就读高校党组织/本人居住地街道、乡镇党组织/县以上政府所属公共就业和人才服务机构党组织

续表

去向类型及情况	党组织关系转移去向
出国留学	原就读高校党组织
境内升学	录取院校党组织

（2）开具党组织关系介绍信。党员毕业生确认党组织关系抬头后，经所在党支部同意，由具有对应转接权限的上级党组织（一般为党委/党工委）开具组织关系介绍信。党组织关系介绍信具有有效期，有效期一般为市内不超过一个月，外省市不超过三个月。在拿到介绍信后，党员毕业生应在有效期内到转入党组织办理接收手续。注意：介绍信必须由本人携带！党员毕业生离校时，应确保自己拿到介绍信，以便及时到转入党组织办理转接手续。

（3）线上转接。目前，全国很多地区已经开通网上转接组织关系，部分在省市内工作的同学党组织关系可以直接通过网上接转，无须纸质版介绍信。不过，也有些地区虽开通了网上转接系统，但仍同时需要纸质版介绍信进行转接。毕业生在具体操作时，需要留心询问转入及转出党组织的转移流程和要求。

（4）办理接收手续。党员毕业生离校后，应在规定时间内携党组织关系介绍信至新的党组织办理接收手续，在取得接收党委盖章的回执后，应及时将回执寄回。涉及线上转接的，还需要与转入党组织工作人员及时确认线上转接是否完成。

2. 党组织关系转移注意事项

党员毕业生拿到介绍信后，应妥善保管，并在介绍信有效期内及时办理党组织关系转接。一旦遗失或过期，需要向原所在党组织提出申请，重新开具介绍信。党员毕业生在转入新的党组织后，应与党组织保持联系，自觉履行党员义务行使党员权利，积极参加组织生活。《中国共产党章程》第九条规定，党员如果没有正当理由，连续六个月不参加党的组织生活，或不交纳党费，或不做党所分配的工作，就被认为是自行脱党。支部大会应当决定把这样的党员除名。

第二节　就业的权益保障

在就业过程中，经常会遇到侵害毕业生权益的行为，在此过程中，毕业生应当加强自身权益的保护。

一、就业权益的内涵

在市场经济体制逐步完善的今天，毕业生在就业过程中享有哪些权益？毕业生的就业权益如何维护？大学生如何在就业中行使自己的权利和义务？在自己的就业权益受到损害时，如何运用法律来维护自己的合法权益呢？为了有效地维护毕业生的就业权益，我们首先业必须明确就业权益的内涵。

就业权益是指劳动者在就业过程中所拥有的权利和所应该获得的利益。就业权益是一种合法的权益，劳动者在国家法律允许的范围内所实现的就业及其权益应当受到法律保护。众所周知，任何权益和责任与义务都是连接在一起的，权利、责任、义务是相等的。劳动者的就业权益也是和劳动者的就业责任、就业义务相互联系的。《中华人民共和国宪法》第四十二条规定："中华人民共和国公民有劳动的权利和义务。国家通过各种途径，创造劳动就业条件，加强劳动保护，改善劳动条件，并在发展生产的基础上，提高劳动报酬和福利待遇。"第四十二条还规定："国家提倡公民从事义务劳动。国家对就业前的公民进行必要的劳动就业训练。"

二、大学生就业过程中的权利与义务

（一）大学生就业过程中的权利

1. 平等就业权

平等就业权是指毕业生享有的就业或职业上的机会均等或待遇平等的权利，是社会平等在就业方面的必然要求。众所周知，人与人之间的许多先天差异是个人无法选择的，而平等就业权作为一项法律权利，旨在尽量消灭先天差异给求职者带来的现实不平等，保障基本的社会公平。

2. 自主择业权

自主择业权是指毕业生（委培生、定向生除外）享有的选择就业与否或者选择就业的时间、地点、单位、岗位的权利。毕业生享有自主择业权是其人格独立和意志自由的表现。该权利是就业权体系中的前提性权利。家长、学校和用人单位，可以为毕业生择业提供建议、推荐和引导，但不能强迫或干涉他们的选择。此外，我国大学毕业生的工作分配方式由计划经济下的包分配逐渐向市场经济下的自主择业转变，这正是大学生自主择业权的体现。

3. 公平竞争的权利

公平竞争是"双向选择、自主择业"的前提，大学毕业生在国家政策规定的择业范围内都有权参与竞争。公平竞争是人才市场的基本准则，在市场经济条件下，只有形成一个公平竞争的市场环境，才能实现人才的合理流动，才能更好地实现人才的价值。公平竞争对大学生来讲，既是一种权利，同时又是一种挑战。竞争奉行的是"优胜劣汰"的原则，毕业生必须清醒地意识到，一旦进入市场，就是一场知识的竞争、能力的竞争、素质的竞争，要在竞争中争取主动，就要认真学习，增强自己的实践能力和创新能力，提升自己的就业综合竞争力。

4. 就业知情权

毕业生有全面、真实获悉用人单位信息的权利。求职过程中毕业生有权向用人单位了解具体的单位性质、岗位职责、工作环境、福利待遇和发展前景等基本情况，从而做出符合自身条件的选择；用人单位有义务向毕业生如实介绍真实情况。用人单位对毕业生隐瞒本单位实际情况的做法是对毕业生就业知情权的侵犯。

5. 就业保障权

就业保障权是国家在大学毕业生就业过程中应当提供越来越多的就业机会及大学毕业生借此而获得就业机会的权利。包括获得相应职业培训、职业指导的权利，了解国家就业相关政策、法规的权利，在失业的情况下获得相应的社会保障的权利，兼具自由权益与社会权益的双重属性。

6. 违约求偿权

毕业生在求职过程中会和用人单位签订就业协议，协议各方均须严格履行协议内容，任何一方违约的，要承担相应的违约责任。如果毕业生在求职过程中的合法权益遭受到了用人单位的侵害，有权要求用人单位严格履行就业协议，给毕业生造成损失的，用人单位还应该按照违约责任赔偿损失。

7. 其他就业权益

除了上文所述的几项就业权益以外，大学毕业生的就业权益主要还包括以下几项：就业隐私权益、获取报酬权益、休息休假权益、社会保险权益、获得劳动安全卫生保护的权益等。

正确看待和认识我国对于劳动者权益的法律保护体系，特别是对于大学毕业生这个特殊的群体就业权益的法律保护，需要做到以下几点：第一，树立尊重和维护就业权益的正确认识；第二，积极依法保护自己的就业权益；第三，遵守权利义务对等原则，切实履行好作为劳动者的义务。

（二）大学生就业过程中的义务

大学生在享有法律、法规和有关政策规定的权利的同时，也应当履行自己的义务，主要包括：

1. 服从国家需要的义务

虽然大学生在择业过程中有相当大的自主权，可以根据人意愿选择用人单位，但当国家需要时必须履行服从国家需要的义务。例如，当国家重点建设项目或某些行业急需人才的时候，应积极为国家的重点建设工程或项目服务，如参加西部志愿者、"三支一扶"服务，服兵役等。

《普通高等学校毕业生就业工作暂行规定》第三条规定："毕业生有执行国家就业方针政策和根据国家需要为国家服务的义务。必要时，国家采取行政手段，安置大学生就业。"之所以有这样一条规定，主要原因有二：一是由于大学生学习期间所交纳的培养费仅占整个培养费的25%~30%，国家投资占绝大比重，因此，大学生有服从国家分配的义务；二是作为一个在国家庇护下成长的大学生，从民族情感和道义来说，亦有服从国家分配、到国家最需要的地方去的义务。

2. 向用人单位如实介绍个人情况的义务

大学生在向用人单位进行自我推荐、自我介绍和接受考察时，有义务全面、详细、实事求是地介绍个人情况，以利于用人单位进行遴选，不得夸大其词、弄虚作假。

3. 按时到用人单位报到的义务

《普通高等学校毕业生就业工作暂行规定》要求，毕业生办理完派遣手续后，应持报到证按时到工作单位报到。如果自派遣之日起，无正当理由超过3个月不去工作单位报到的，由学校报主管毕业生调配部门批准，不再负责其就业。在其向学校缴纳培养费和奖（助）学金后，由学校将其户籍关系和档案转至家庭所在地，按社会待业人员处理。

4. 接受用人单位组织的测试或考核的义务

用人单位为了招聘到符合要求的大学生，一般都要通过一些测试或考核手段来了解大学生的情况，通过比较，做出是否录用的决定。对此，大学生应予以积极配合，充分展现自己的能力，接受用人单位的测试和考核。

5. 严格按照就业协议及其他合法约定履行相应的义务

《合同法》第八条规定："依法成立的合同，对当事人具有法律约束力。当事人应当按照约定履行自己的义务，不得擅自变更或者解除合同。依法成立的合同,受法律保护。"大学生应认真履行协议或合同,不得无故擅自变更或自行解除。如果单方违约,必须主动承担违约责任。

第三节　就业陷阱的防范

一、求职陷阱案例

(一)网上兼职招工

案例:2019年4月3日,某高校学生小雪报警称:4月1日,其微信接到添加好友信息,对方称可以为其提供兼职工作信息,但必须支付介绍费,按对方要求,以微信转账方式转给对方2203元后,被对方拉黑。

提示:网上找工作,不要被诱人的待遇和薪水所迷惑,更不要贸然向对方所提供的银行账号汇钱。

(二)网络刷单

案例:某地大学生小张收到信息称,兼职网络刷单每月可收入过万,小张和对方联系,对方表示小张只需按照要求完成网络购买交易,很快就会返还购物的本金和本金金额10%的佣金。小张便按照对方提供的二维码先后转账完成了多笔交易,可对方却始终没有返还本金和佣金,直至对方完全失联,小张才意识到上当被骗。

提示:"刷单"本身就是违法行为,不法分子以"高回报""收益快"为诱饵,一开始返还本金并支付佣金,但只是为了诱惑应聘者投入更多的钱,当你大额支付后,佣金和本金便被骗子悉数收入囊中。

(三)岗前贷款培训费

案例:学计算机的小李先后接到10家"网络科技公司"的面试通知,其中9家以招聘名义收取"培训费",并当即表示,如果没有钱,可以帮助申请贷款,每个月还几百元就可以。

提示:诈骗公司以高薪就业为诱饵,向求职人员承诺培训后包就业,但必须借贷支付培训费。贷款培训的应聘者不仅不会获得工作,还将会背负贷款产生的高额利息。

（四）付费入职

案例：小陈去一家公司面试，对方"经理"一直夸赞其条件优越，并表示按照规定，小陈需缴纳 1980 元的费用，在该公司办理一张会员卡，才能算是该公司的员工。小陈办理后，该公司让其在家等上班消息。当小陈再次找过去时，该公司已经人去楼空。

提示：皮包公司假装进行招聘，收取报名费、体检费等各种费用，一旦诈骗多人成功，便携款逃之夭夭。因此，大学生在面试前要认真了解招聘单位的相关情况。对于先让交报名费、培训费的招工，更要提高警惕，防止被骗。此外，不要轻易将本人的身份证、居住证、毕业证等有关证件随意交给招工者。

（五）群发的招工信息

案例：2019 年 2 月，家住合肥市包河区的费女士收到招工短信，后打电话进行咨询，对方以交纳报名费、服装费、材料费为由多次让费女士转账，诈骗 5800 元后，对方消失。

提示：骗子以手机群发招工信息等待受骗者上钩。应聘者打电话咨询，往往被要求先交报名费、押金等。正规的单位发布招聘信息一般不会通过手机短信的形式。对手机接收到的招工短信，一定要提高警惕。

（六）试用期等于"白用期"

案例：毕业生小韩通过参加招聘会被一家广告公司录用，按照口头约定，工作前 3 个月为试用期，公司根据他的表现来决定是否正式聘用他。在单位，小韩踏踏实实工作，按时完成任务。3 个月下来，小韩本以为自己可以轻松被该公司正式录用。谁料试用期结束，经理却说他不称职。事后小韩得知，与他同一批进公司的员工，没一个通过试用期"检验"。而后不久，该公司又新招了一批员工继续"试用"。

提示：劳动合同是规避试用期陷阱的重要武器。在用人单位要求试用前，一定要先签订劳动合同，看清合同单位的名称、法定代表人等信息，注意检查薪资、工作内容、保护和条件、报酬等内容。

二、求职中的安全应对策略

（1）求职时务必选择高信誉度的招聘网站或到正规的人才市场，不要随意相信黑中介、游击招工者。

（2）务必核实招聘企业的真实性，例如，可以从工商局网站和企业信用信息公示系统里进行查询，从而确定该企业是不是一家经过工商注册、信誉良好的正规企业。还应联系企业，确认招聘信息真实有效后再去应聘。

（3）一定要保护好个人证件与财物的安全。在求职过程中，不要随便把身份证、毕业证等证件交由中介机构或个人保管，防止被一些不法分子盗用个人身份信息。使用身份证复印件时，身份证复印件要注明身份证的用途，以及"仅可使用一次，再复印无效"等语句。

（4）遇到要求缴纳报名费、培训费、体检费等各种名目费用的招聘广告时一定要提高警惕。《中华人民共和国劳动合同法》中有明确的规定，不允许企业在员工入职时要职员缴纳保证金、培训费、押金等，因此，要求缴费的大多都是骗子。

（5）保留好收据和发票，应聘后签订书面合同。在应聘成功后，一定要与用工方签订书面合同，特别是要写明工资数额、计酬方式、福利待遇、保险交纳、事故赔偿等条款。街头的招工小广告往往以优厚的待遇和工资报酬诱惑急于找工作的人，但其中不乏有骗取钱财的黑广告，对这类小广告要慎之又慎。

三、劳动合同的维权要点

大学生由于涉世未深、求职心切、法律观念不强等原因，在签订劳动合同时往往容易掉入用人单位布置的"陷阱"，因此，毕业生一定要保持高度警惕，注意甄别。

（一）就业协议书与劳动合同的差异

就业协议书与劳动合同是不同的，究其区别，主要表现在以下几个方面：

1. 主体不同

就业协议书的签订主体主要是学校、用人单位和毕业生，也称为"三方协议"，而劳动合同的签订主体只有劳动者和用人单位两个主体，是劳动者与用人单位之间在依法依规遵循平等自愿的原则下签订的。

2. 依据不同

由于就业协议是依照国家关于高等学校毕业生就业的法规制定的，因此，如就业协议产生纠纷，则需要以《中华人民共和国民法通则》《合同法》及相关的就业政策为依据；而劳动合同则完全依照《中华人民共和国劳动合同法》订立，产生纠纷也应以此作为依据。

3. 内容差异

就业协议一般不涉及具体的劳动关系，只规定毕业生的自身情况、就业意向，用人单位是或否同意接收及学校审核是否通过，是否可以派遣等；但劳动合同必须标明劳动的具体期限、内容、条件、薪酬、纪律、合同终止条件以及违背合同所要承担的相应责任等。

4. 签订时间不同

就业协议是毕业生和用人单位在正式确立劳动关系前签署的，自签订之日起即为有效，一般在毕业生到用人单位报到前签署完毕；而劳动合同一般是在入职时签订，当毕业生与用人单位签订劳动合同后，原就业协议即终止。

（二）"陷阱合同"的种类

规范的劳动合同能够保护劳动者的合法权益，但是某些单位设置的"陷阱合同"则有极大危害性。常见的"陷阱合同"主要有以下几种：

1. 口头合同

劳动合同应当以书面形式订立。某些用人单位往往对毕业生许下很多承诺，但是并未签订书面劳动合同，在实际就业后，发现这些承诺难以兑现，在权益受损时，如没有书面劳动合同，造成取证难甚至无法得到法律的有效保护。

2. 格式合同

某些用人单位在未与劳动者协商的前提下，预先拟定合同内容，虽然这种合同多数都是按照有关法律法规和劳动部门订立的合同范本拟定，但是由于适用性广泛，在某些具体条款上含糊其词，甚至在解释上存在争议，如"一定时限内""一定数额内"之类的词句，在劳动者签约过程中应当尽量避免并尽可能明确，并在备注中标明，在达成一致后方可签字。

3. 生死合同

在某些危险行业，用人单位在签订劳动合同时，往往会要求劳动者接受合同中的"生死协议"。如建筑行业是一个高度危险的行业，用人单位为了减轻或者免除自己的风险，往往在合同中标注"若发生意外，劳动者后果自负"，这种条款是没有法律效力的。因为劳动者在劳动过程中拥有受到劳动保护的权利，这是我国宪法和相关法律规定的劳动者最基本的权利，因此侵害劳动者劳动保护权的合同是无效的。

4. "一边倒"合同

某些用人单位在订立劳动合同时，只规定了劳动者应尽的义务和违约责任，但对于用人单位应当承担的义务则只字未提，以此逃避用人单位违约责任，这种不公平的劳动合同在签署后的一年内可以通过申请仲裁或者诉讼的方式撤销或者变更。

5."两张皮"合同

为应对相关部门检查，某些用人单位通过签订两份不同合同的方式规避责任，一份用于应付检查，一份则是双方真正需要履行的合同，这种合同往往对于应聘者极为不利，毕业生在就业过程中一定要注意甄别，避免自己的合法权益受到损害。

（三）抵押金

在毕业生就业过程中，往往会在签订正式合同时，被要求缴纳抵押金，否则不予签约。毕业生不想错过机会，急于就业，在交纳保障金或证件后，某些用人单位会肆意侵犯劳动者权益，如延长劳动时间、增加劳动强度，等等，而当劳动者被解雇或者辞职时，又找各种借口不予退还，导致劳动者权益受到侵害。根据劳动部订立的《关于贯彻执行〈中华人民共和国劳动法〉若干问题的意见》的相关规定，用人单位在与劳动者订立劳动合同时，不得以任何形式向劳动者收取定金、保证金（物）或抵押金（物）。对违反以上规定的，由公安部门和劳动行政部门责令用人单位立即退还给劳动者本人。如果毕业生已经缴纳这种费用，可以要求用人单位予以退还，也可以通过劳动争议仲裁，或向有关劳动监察部门投诉、举报。

（四）劳动报酬

劳动者的劳动报酬金额不得低于法律规定的最低工资标准，这是劳动合同中订立劳动报酬的最根本的原则。在规定劳动合同的报酬方面，除了要明确报酬的种类，包含基本工资、津贴、交通费用、住房补贴等，还应包含劳动报酬的计算方式、发放时间、加班费的计算，等等。在签订劳动合同时，某些用人单位会用"责任底薪"的概念来克扣或者拒付劳动者报酬，这是违法的，因为无论劳动合同中有无约定以及劳动者有无完成定额或承包任务，用人单位都必须向劳动者支付不低于当地最低工资标准的劳动报酬。

（五）工作内容

工作内容是劳动合同中一项重要的内容，主要指用人单位安排劳动者从事何种工作，包括工作岗位、性质、范围及完成工作所要达成的效果、质量指标，等等。

毕业生在签订劳动合同时，一定要明确就业岗位要求，将就业岗位清楚、准确地写入补充协议当中，避免用人单位随时变更岗位的条款。

（六）社会保险

《中华人民共和国劳动法》规定，用人单位和劳动者必须依法参加社会保险，缴纳社会保险费。劳动者享受的社会保险金必须按时足额支付，用人单位必须依法为劳动者缴纳社会保险费。用人单位和劳动者所参加的社会保险一般包括养老保险、医疗保险、失业保险、工伤保险、生育保险和住房公积金，即通常所说的"五险一金"。某些用人单位会在劳动合同中注明"除月工资外，不再提供其他福利待遇"等条款，这是违法的。因此，即使用人单位与毕业生私下达成一致意见，也是不受法律保护的。

第五章　职业适应与职业生涯发展规划

本章主要内容为职业适应与职业生涯发展规划，首先论述了大学生职业意识、职业能力的培养，对大学生的职业角色转换进行分析，其次论述了大学生职业生涯发展的规划，指出大学生职业生涯规划的步骤与内容。

第一节　职业适应

一、职业

职业是人们通过专门技术劳动而取得个人收入、履行社会义务并取得社会地位的一种重要的社会现象。职业综合反映了一个人的生活方式、文化水平、经济状况、行为模式、思想情操等情况，是社会个体的权利、义务、职责和社会地位的一般体现。职业具有社会性——参与社会分工，创造财富；技术性——具有专门的知识和技能；经济性——获取相应报酬；连续性——稳定存在，螺旋态势；规范性——特定职业规范和操作规程。

但是对于大学生来说，这样的概念似乎还不够联系实际，大学生应该从以下4个方面来理解职业。

（1）职业是一种需求，强调社会分工。因此，我们应该从社会分工的角度来判断自己的职业定位，从而建立起大学阶段的职业学习体系和职业发展体系。

（2）职业的内在属性决定了职业强调专门技能。不同职业有不同的技术要求，因此，要评职称，要考取职业资格证书、专业技术证书等。大学生在大学期间需要从职业的角度出发提升自己的专业技能，打造自己独特的专业技能体系，铸造自己的核心竞争能力。

（3）职业的社会性决定其强调社会价值。职业是一种社会角色，需要履行社会义务并因此获得社会地位，只有实现了个人的社会价值才能够确保职业的可存在性及其意义。大学生在大学学习期间除了奠定坚实的专业技术基础之外还要学会如何处理社会关系，从社会伦理的角度摆正自己的位置，增强自己的社会融入能力。

（4）职业与个人密不可分，强调个人价值。个人在创造社会价值得到社会认可、满足社会需求的同时获得了个人劳动的价值。大学生要实现个人价值的不断增值，就需要在大学期间不断积累，为将来更好地从事自己的职业厚积薄发。

职业自从产生以来，就随着社会生产的进步和社会分工的发展而不断地发生变化，总体分为以下几个趋势：一是社会职业的种类越来越多；二是行业变化的速度越来越快；三是由单一、基础型向跨专业、复合型转化；四是由封闭型向开放型转化；五是由传统工艺型向信息化、智能化转化；六是由服务型职业向知识技能型发展。

当前，大学生在就业的时候，出现了前所未有的新状况：一是劳动岗位中体脑融合且体力劳动所占的比例越来越小；二是与传统专业绝对对口的专业越来越少；三是劳动岗位的地域空间越来越小，行业特征已经不像过去那么鲜明；四是岗位所需的职业知识和技能更新周期缩短，符合程度提高。由此可见，未来宽口径复合型和通用型专业的大学生的择业余地较大，用人单位对大学生的非专业综合素质的要求空前提高。

二、职业意识

一些大学生职业意识相对薄弱，在择业就业时屡屡受挫。大学生树立正确且成熟的职业意识对自己的职业生涯有很好的指导作用，同时加强自己对职业的认知程度和投入程度，也能提高自己的职业素养。

（一）职业意识

职业意识是大学生对社会上存在的职业的理解、评价和对自己将来从事的职业的选择偏好以及职业实践中的情感、态度、意志和品质等心理成分的综合反映，它是大学生支配和调控一切职业活动的调节器。职业意识通过法律、法规、行业自律、规章制度、企业规定等方面来体现。职业意识具有社会共性，它是大学生从业的最基本意识。职业意识既影响大学生的择业意识，又影响大学生的就业意识。择业意识指大学生对自己希望从事的职业的看法，就业意识指大学生对自己从事的工作和任职角色的看法。

（二）职业意识的发展阶段

职业意识是伴随着每个人个性的成长而发展的，其发展是一个漫长的过程。职业意识的发展大致可以划分为 3 个阶段。

1. 树立职业理想和选定职业目标阶段

树立职业理想、选定职业目标和树立人生理想是同步进行的，它们之间有着密不可分的联系。当人们处在孩童时期时，就会产生各种奇妙的想法，有的想法甚至会影响自己的一生。然而，这一时期的各种想法往往是脱离实际的。随着年龄的增长，人在事物认知水平和判断能力上有了飞跃的发展，理想就会变得越发现实，加上社会环境、家庭环境以及个人经历等因素的影响，前期职业意识在青年学生时期初步形成，这就是职业意识形成的第一个阶段。虽然在这一阶段，大多数人的职业意识还没有完全定型，还会受某些因素影响而有所调整，但它已经能对个人的学习、社会实践及各方面的知识和能力的培养起到重要的指导作用。

2. 为了实现理想而努力的实践阶段

为了实现理想而努力的实践阶段是职业意识发展的关键时期，它直接决定一个人是否能胜任自己所追求的职业，并找到理想的工作，我们可以将这一阶段看作自我完善的阶段。在这一阶段，大学生一方面需要加强学习专业知识，锻炼目标工作要求的业务能力；另一方面还需要了解自己所学专业与社会需要的情况，增强适应社会的综合能力。

3. 实现职业理想阶段

实现职业理想阶段其实是经历前两个阶段后的自然结果，也是求职过程的最后冲刺。在这一阶段中，大学生首先需要广泛收集就业信息，其次需要掌握求职技巧，并尽快适应追求已久的工作。一般来说，不同的职业意识有四种不同的表现。第一，仅为了满足个人的需求；第二，只满足于安全需求的层次；第三，考虑的完全是企业的需要；第四，把工作跟自己的事业紧密地结合起来。

以上四种职业意识表现的不同之处在于，前三种职业意识停留在"工作就是工作""为了工作而工作"的思想阶段，没有将工作与自己的事业目标、人生理想紧密地结合起来，而第四种职业意识是将工作与个人的目标结合在了一起。

（三）影响职业意识发展的因素

明确了职业意识的发展过程之后，大学生还需要了解影响职业意识发展的因素，从而培养成熟的职业意识。

1. 自身条件

大学生的知识技能各异，体质、兴趣、素质修养有别，决定了不同的大学生拥有不同的职业意识。

2. 价值观念

有的大学生把知识、能力作为向社会索取的筹码，有的大学生把为社会创造价值作为奋斗目标。在不同的价值观念影响下，大学生发展出不同的职业意识。

3. 家庭伦理观念

家庭伦理观念对大学生的职业意识有潜移默化的影响，如长辈希望子孙不要远离，待在自己身边；小辈借着"背靠大树好乘凉"的思想，不愿到环境艰苦的地方去。随着社会的发展，大学生应该学会独立，挣脱传统观念的束缚。

4. 就业制度

就业制度的改革增强了大学生就业的紧迫感、危机感，使大学生原有的职业意识和人生理想发生变化。

5. 经济观念

虽然市场经济的发展淡化了大学生"业有高卑"的观念，但同时也使大学生对个人收入和生活条件的考虑日渐增多，这对大学生树立职业理想产生了一定影响。

6. 社会观念

虽然在市场经济下，大学生尽己所能，自由择业，但职业"热门"和"冷门"的社会舆论导向仍在不同程度上左右着大学生的职业意识。

（四）大学生职业意识的培养途径

了解了职业意识对职业生涯的影响后，大学生就应当注重培养自己的职业意识。大学生可以从以下六个方面来逐步培养正确且成熟的职业意识。

1. 塑造诚信形象

"人无信不立"，一个人不讲信用，就不能立足于世。可见，讲究诚信在个人生活中的重要性。诚信一般包含两方面的内容：一是指为人处事真诚，实事求是；二是指信守承诺。大学生应该努力塑造诚信的形象，这样他人才愿意与你深交，愿意竭力为你提供帮助。一个明智的员工会在为人处世方面十分诚实和坦率，以此来赢得更多的发展机会，赢得同事与他人的尊重。

2. 增强责任感

责任是一个人分内应该做的事情，是做好应该做好的工作，承担应该承担的任务，完成应该完成的使命。责任是一个人对自己的内心和环境勇于承担的能力和行为。责任感从本质上讲既要利己，又要以国家、社会和他人的利益为重；具体地讲，就是明确自己的权利与义务，对自己的工作和行为负责。在大学里，大学生认真学习，增强专业知识和技能，服从老师和学校的安排是一种责任。在工作中，员工遵守公司的规章制度，服从上司的工作安排，主动按时按量完成工作任务，也是一种责任。

3. 打造专业精神

专业精神通常指对工作的热爱和投入、努力成为行家里手的进取精神，是一种执着于工作的规范、要求、品质等要素的严谨作风。打造专业精神，就是追求卓越。专业精神强的人，往往具备良好的专业知识和专业能力，表现出高尚的职业道德和职业操守。大学生在培养专业精神时，需要严格要求自己，不管是学习还是社会实践，都要集中精力，主动积极，全力以赴。成功的秘诀无他，不过是凡事都自我要求达到极致而已。

4. 提高成就欲

追求成功者不愿做没有挑战性的事情，这似乎是大多数人的共识。大凡有成就的人，都具有极强的成就欲。人的成就欲也称为成就动机，指一个人去从事、去完成自己认为很重要或很有价值的工作，并想使之达到完善地步的一种内在推动力量。一个人成就欲的强弱，直接影响到他的工作绩效。如果一个员工的成就欲不够，那么他对工作的态度可能是得过且过。相反，一个员工的成就欲很强，他将在工作中表现出高度的责任意识，会尽力解决工作中的问题。大学生应该积极涉足新的领域，敢于做从未做过的事情，积极参加社会实践，培养职业兴趣，使自己的才智得到更好的发挥，从而提高自己的成就欲。

5. 提高挫折承受力

挫折承受力是指人们在遭遇挫折时，能否承受得了巨大的压力和打击，有无摆脱，和排解困境而使自己避免心理与行为失常的一种耐受能力。大学生要提高挫折承受力，首先应正确认识自我，这样在做事情时才能制订出符合自己能力的目标。如果目标过高，会导致结果与自己的预期相差太大，打击自己的自信心；如果目标过低，会感觉自己没有发挥出实力。其次，大学生应学会自我调节。人生的道路崎岖坎坷，难免有挫折和失误，也少不了烦恼和苦闷。遭遇挫折，大学生应迅速把注意力转移到别的方面去，比如向亲戚、朋友倾诉，或者参加一些娱乐活动。大学生平时可以拓宽自己的兴趣。兴趣是保护大学生良好的心理状态的重要条件，大学生的兴趣越广泛，适应能力就越强，心理压力就越小。最后，大学生要学会变通，及时调整目标。如果在一件事情上遇到的挫折接连不断，大学生就需要考虑是不是目标出了问题。如果是目标出了问题，大学生就应学会变通，及时调整目标。

6. 培养团队精神

团队精神，简单来说就是大局意识、协作精神和服务精神的集中体现。大学生培养团队精神应该从日常学习生活做起。在日常的学习、生活中，同学之间应经常交换思想、交流情感、相互关心，在交往中共同体验合作的快乐。团队精神归根结底就是互助精神，只有通过经常性的互助活动，大学生才能深刻领悟"我为人人，人人为我"的团队精神的内涵，从而自觉摒弃自私自利的个人主义作风。

三、职业能力

（一）大学生应具备的职业能力

任何职业都要求从业者掌握一定的技能，具备一定的能力条件，而一个人一生中不能将所有技能全部掌握。每个人最大的成长空间在于其最终的优势领域。你可以把自己已经证明的能力和自认为还可以开发出来的潜能一一列出来，在进行职业选择时择己所长。

还要分析自己讨厌的事情是什么，自己的弱点是什么。当一项工作使你感到压抑、不愉快，并且成绩平平时，你干这项工作的能力便是你的弱点。管理学大师彼得·德鲁克博士在 1999 年 3、4 月的《哈佛商业评论》中发表了一篇名为《管理自己》的论文，强调充分发挥自己长处的重要性，指出这是成为杰出人士的必由之路。对于一个集体，需要克服的是"短板定理"，而对于个人，不要想着努力去补齐短板，而是应该去发挥自己的长处。

那么，企业究竟看中应届毕业生的哪些能力？我们需要在毕业前培养发展自己的哪些能力呢？

由于应届毕业生缺乏工作经验，对于未来工作或者具体岗位的认知也较为模糊，因此企业在招聘过程中更重视对综合素质胜任可能性的评估和预测我们可以从企业测评候选人胜任力时选择的测评维度，来归纳企业对候选人的素质要求。

总体而言，企业更喜欢会合作、执行力强、经得起折腾和适应性好的毕业生。

尽管每年的学校招聘季，很多企业都会尝试重新定义自己的人才标准或者诠释用人要求，甚至会强调"90后"和"95后"的与众不同，但仅从招募员工的角度来讲，一段时间内企业对人才的期待变化一般很小。进一步分行业进行分析，我们发现在候选人的"软实力"上，各行业关注的素质项有细微差异。对待工作的态度认真负责，具备良好的学习习惯和学习意愿，愿意与他人合作完成工作，遇到困难不退缩，这大概是企业对毕业生最朴素的期待了。

（二）职业能力的培养与提升

1. 积极参与课内外实践活动

提升职业能力，要敢实践多实践。在大学期间，培养、提升能力的方式多种多样，比如，参加科研活动、学科竞赛、社团活动及学生会工作等。这些活动能够提高沟通能力、组织能力、协调能力和适应能力。通过这些活动，同学们可以充分发挥自身的主动性、独立性和创造性，有意识地从事业和未来的工作需要出发培养和锻炼自己。

2. 积极寻找社会工作实习机会

培养职业能力，不走出校园，不踏入职场是不行的。只有亲身参与实际工作，置身于真实的职场，才能了解团队工作的技巧及原则。只有在团队中找准自己的位置，做好工作的同时与同事和谐相处，才能获得工作的乐趣。同学们可以积极争取和充分利用各种资源，参加相关职业技能的培训，选择与职业目标相对应的行业及岗位实习，在实战中磨炼自己。

四、大学生职业角色转换

（一）角色转换的概念

角色是对群体或社会中具有某一特定身份的人的行为期待。所谓角色转换，是指因社会任务和职业生涯的变迁，从一个角色进入另一个角色的过程，其根本的变化是权利和义务的变化。

人在一生中要扮演多种角色，要发生多次的角色转换。其中，大学毕业到一个新的单位工作，就是一次角色转换的过程，即实现由"校园人"到"职业人"的转换。大学生大学毕业也就意味着要承担新的社会角色，但这种新的社会角色的确立并不是一蹴而就的，而是一个行为过程。

一般来说，进入角色包括了下列行为过程：表现出扮演这个社会角色必需的社会品质和才能；本能地或积极地从精神上和行为上完全地投入到这个社会角色。

（二）高校与职场的差异

从高校到职场，环境和内容的改变势必会带来适应性的问题，埃德加·施恩在《职业锚》当中描述的职业生涯的第三阶段——初涉职场，"这是一个自我调整的时期，对于大多数人而言，无论做了多么充分的准备，当接触到实际的工作，并有了工作感受后，都需要进行自我调整。在实际的职业中，涉及了大量的非常规做法、政治因素等，个人需要与他人进行合作，关注他人的感受变化，而这些内容，在前期的教育培训阶段很少接触到，也正是从这个阶段开始了真正的自主学习，开始并逐渐形成对职业的自我认知"。

1. 环境上的差异

有人说大学就是小社会，可真正步入社会后才发现，高校和职场根本不是在一个等量级上，毕业生离职场、离真正的社会越近越能体会到高校和职场的真正差异。学生在校园里基本是几点一线的生活方式，相对简单的校园文化环境能够自主选课参加活动，学习时间可弹性安排，每年有寒暑两个长假和其他法定节假休息日；但成为职业人在紧张的职场上，面临着复杂的社会环境和快速的生活节奏，规定上下班时间，工作紧张不能不完成，自由支配的时间少，不能迟到早退，经常加班加点，节假日年假屈指可数。

2. 老师、同学和领导、同事的差异

学生在高校里面对的都是老师和同学，人际关系相对简单轻松，彼此之间没有利益冲突，学习过程中需要同学之间合作协调的相对较少；在职场中面对的是领导和同事以及客户，人际关系相对复杂紧张，彼此之间需要沟通协调合作的方面较多，往往伴随着利益冲突。

在学校中老师鼓励讨论，期待学生发表观点和意见，学习任务有规定的完成时间，过程公平内容公开，以知识为导向；而在职场中领导不鼓励讨论，期待员工的服从和执行，工作任务有时很临时、交付周期短，相对独断，很多内容不公开，以利益（结果）为导向。在学校中同学之间关系简单，以共同兴趣和爱好聚集在一起，处在人生的同一阶段，有相似的经历，有共同的话题，容易建立深厚的友谊；而在职场中同事关系较为复杂，彼此以工作连接在一起，处于人生的各个阶段，彼此经历大不相同，工作中存在一定的竞争和利益冲突，难以产生朋友之情，这也是为什么处理好人际关系是每一个大学毕业生走上社会后必须要面对的一个课题。

3. 学习内容和工作内容的差异

在高校里学生的主要职责是学习各种专业知识，掌握各种生存技能，发展智力、求学成才是关键的任务。而作为职业人需要在职业岗位上发挥专业知识和能力，为单位服务并获取自我的物质和精神价值，需要承担更多的社会责任甚至是成本和风险。在高校里有教学大纲提供清晰的学习任务，学术上多鼓励师生讨论甚至争论，布置作业在规定时间完成即可，如有疑问可以向老师和同学请教；在职场中工作职责和内容往往不太清晰，会有突然临时的任务安排，你的工作任务只能自己完成，没有老师传道解惑，遇到难题需要自己找出解决问题的办法，如果无法完成任务，必须要承担相应的后果。

4. 生活压力的差异

在高校中学生还不是完全意义上独立的，有父母提供生活费和学费，吃饭住宿学习运动都可以在学校里一站式解决，生活支出较小，几乎没有或者较少感受到生活的压力。作为独立的社会人，毕业生刚入职往往薪资水平较低又没有了父母的支持，需要自行支付房租水电费网络费、交通通信费伙食费以及日常购物聚餐费用等，很快会感受到生活各方面的压力扑面而来。

除了物质压力还有精神压力，一旦步入社会，现实会逐渐露出獠牙，工作忙碌没有时间做自己感兴趣的事甚至是运动健身了；不得不参加一些应酬，而好友和家人却好久不见了；不敢随心所欲因为害怕工作的不确定性；房子的问题、理财的问题、配置保险的问题、人际交往的问题、婚姻的问题等突然就被列入待考虑的清单。职场新人很容易就发现步入社会生活一下子就复杂起来，完全不像在校期间简单快乐了。

（三）角色转换困境

角色转换是指个体因为社会任务和职业生涯的变迁，从一个角色进入另一个角色的过程，其根本变化是社会权利和义务的变化。根据职业规划大师舒伯的生涯彩虹图理论，如图 5-1-1 所示，一个人一生中扮演的许许多多角色就像彩虹同时具有许多色带，我们在生命的不同阶段所担任的角色不一样，对于每个角色所投入的时间和精力也不一样。

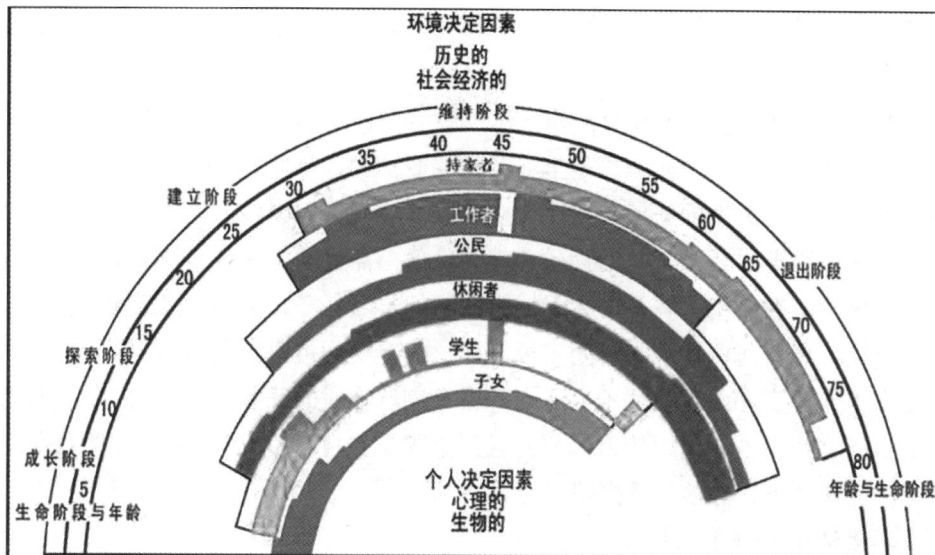

图 5-1-1　舒伯的生涯彩虹图

颜色的面积越大就表示该角色投入的程度越多，可以看出从毕业生到走向工作环境的过程中，工作者的角色比重就明显增加，甚至是所有角色中占比最高的，而学生角色则相对减少了很多，这其实就是我们从学生角色到工作角色的转换过程，即便留恋校园生活的美好也不得不开始担任新的角色。然而因为高校和职场环境有很大的差异，新旧角色转换过程中必然伴随着不同角色之间的冲突，这种角色冲突是普遍存在的。毕业生在初入职场的过程中会遇上角色转换困境，一般有以下几种表现。

1. 留恋学生角色

对刚步入职场的毕业生而言，很容易还是黏滞在学生角色中，一方面对于学生时代无限留恋，另一方面未完全社会化之前仍会自觉或不自觉地按照学生角色的社会义务和规范来要求自己，以学生角色的习惯方式来待人接物、观察和分析事物。

2. 眼高手低、过于自负

高校和职场之间的差异很大，不同角色之间的评价标准和要求不互通，所以有一些在学校中表现较为优秀的学生在职场的评价体系中不一定优秀，在新的环境需要重新学习和适应，而部分毕业生在新的环境中自我的认知不够客观，盲目自信，容易出现眼高手低过于自负的问题，每个学生走上工作岗位时可能都会怀揣着梦想，想要干一番轰轰烈烈的大事，但工作之后会逐步发现理想和现实之间的差距，因为不能客观处理理想和现实的关系而陷入适应困境。

3. 消极退缩、过于自卑

很多毕业生在初入职场时，因为尚未适应新的环境要求，没有相关经验和能力，容易畏首畏尾消极退缩，总担心自己表现得不够好而被指责或者是有过一两次表现不好的经历后，容易陷入自我怀疑和自卑当中，不敢表达自己的想法，盲目听从他人意见，独立性差。

4. 见异思迁、过于浮躁

有调查显示 38% 的应届毕业生在半年内离职，50% 的大学生选择在第一年更换工作，有些毕业生在就业的过程中从高校到职场，身份和环境的转变让他们感到不适应，容易出现浮躁的心态，对于社会环境和工作状态缺乏足够的了解以及自身职业生涯规划不清晰，所以在出现工作内容和环境与预期或原学生角色的差异较大时容易出现频繁跳槽，以逃避角色转换问题。

（四）实现角色转换的方法

1. 从"要"到"给"

从大学生到职业人的转变关键是从"要"到"给"，或者说从"索取"到"贡献"。大学生转变成职业人，首先是要"给"，否则什么也"要"不到，将"索取"的心态转变为"贡献"的心态，是成为职业人的关键。

从企业的角度来说，企业对职业人的判断有两个：一是贡献，即看你的加入对这个团队能产生什么样的价值；二是潜力，即看你未来成长的空间。作为职业人，应该考虑"我能够为单位带来什么""我能为企业创造什么"，而不是首先考虑"企业和老板能够给我什么样的待遇"。只有那些既能为企业和老板带来实际效益，又能实现自身可持续发展的职业人，才是最受欢迎的。

2. 脚踏实地，摆正心态

大学生步入社会后，切忌眼高手低，好高骛远，应摆正自己的心态和位置，踏踏实实地从小事、琐事和实事做起，一步一个脚印，一丝不苟地努力做好每一件事。在很多单位，新员工往往都首先被安排在基层工作，干一些简单的事务性工作。只有当新员工很好地胜任基层工作后，才会安排其承担比较复杂且富有创造性的工作。

俗话说"不积跬步，无以至千里"，任何辉煌的职业生涯都是从迈好职场第一步开始的，只有树立从基层工作做起的意识，做好从小事做起的心理准备，才能为以后的职业发展奠定良好的基础。

3. 增强归属感，融入团队

在现代企业中，单打独斗是行不通的，必须与同事通力合作，有人形象地形容现在是"打群架"的时代。一个企业好比一个团队，是靠企业文化来把大家凝聚在一起的。因此，要想被企业真正接纳，就必须认同企业的文化。就具体方法而言，积极参加单位举办的各种活动，是新员工快速融入团队的一个有效途径。但需要注意的是，融入团队并不是拉帮派、搞小圈子。

4. 谦虚谨慎，善于学习

谦虚是一种美德，也是进步和成功的必要前提。有真才实学的人往往虚怀若谷、谨慎，而不学无术的人却常常骄傲自大、自以为是。

事实表明，一个人在学校学到的东西毕竟是有限的，大部分知识和能力仍需在工作实践中学习、锻炼和提高。尽管毕业生在学校期间已经学到了一定的知识，但在陌生的工作中还是新手，一切都要从头开始。因此，毕业生要根据岗位工作的实际需要，通过向有经验的技术人员、领导、师傅、同事请教和自学，补充一些实践知识和技能，尽快地熟悉有关业务，掌握和提高观察问题、分析问题、解决问题的方法和能力，早日胜任本职工作。

随着人才市场供过于求局面的出现，不少用人单位越来越主张人才的"零磨合"，即用人单位越来越希望招聘到的人才马上就能发挥应有作用。一方面，学生在学校的学习构建的知识体系和能力体系一般不能完全满足工作实践的要求，知识不能和实用能力完全画等号；而且知识经济时代，知识更新速度不断加快，学校的知识积累可能在就业时已经被更新迭代，即使有了一定的知识积累，但并不等于有了岗位所需要的应用能力，另一方面，还有一部分学生找的是专业不对口的工作，进入实际工作岗位后需要学习的还有很多。所以在工作能力上的适应问题是毕业生或多或少都会面临的问题，职场新人要更多地、积极地培养自身适应岗位需要的各种能力，毕竟单位需要产生效益，公司付给员工薪水是需要员工创造相应价值的，而不是让员工来学习的，没有人会像在学校里那样督促自己学习、布置作业巩固练习，工作需要你掌握的技能你需要会，至于如何学会，公司并不管。所以，必须掌握工作岗位所必备的能力，才能在职场更加从容适应。

5. 甘于吃苦，乐于奉献

有的大学生缺乏吃苦耐劳的精神，在工作岗位上拈轻怕重，怕苦怕累，斤斤计较，一遇到困难便退缩避让，时常抱怨"工作劳累，工资又低"，总想舒舒服服、轻轻松松得高薪。事实上，这无异于白日做梦。

俗话说，一分耕耘一分收获，一分付出一分回报。只有甘于吃苦、乐于奉献，才能赢得他人的尊重，才能获得企业的重视。

五、提高大学生职业适应力的方法

（一）明确角色定位

1.积极转变心态

明确角色定位，积极转变心态，不要在职场中还把自己当作学生。企业对于人力资源的判断有两个依据：一个是潜力，即未来成长的空间；另一个是贡献值，即加入团队能产生什么样的价值。从学生到社会人的转变需要做到以下几点：首先，要明确自己的定位。在单位不是来学习而是创造价值的，从索取到贡献的转变。其次，要转变自己的理念，学会为集体负责。作为职业人，如果工作失误，会造成经济损失甚至影响到整个部门和项目。第三，犯错误是不可避免的。认识到不能犯错误的同时也要认识到犯错误是不可避免的，不要惧怕失败。因此，当你出错时不要灰心丧气，要原谅自己。不过，你应该及时沟通，勇于认错，从错误中学习，不能再犯同样的错误，"谷底经验——看似幽暗的负面经历，却留下强韧的生命力。谷底经验挖深生命的河床，容纳更充沛的水流"。最后，保持主动性。不要等领导交代了才去做，等截止了才交材料，等被提醒了才发现，这样你将一直处于被动的状态。在职场中能够做到无须提醒的自觉，这是职业适应和发展的内动力。

2.学习他人长处

职场新人的职业适应问题不只是发生在你的身上，这是一个普遍性的问题，同样的路每个人都要走过，那为什么不向前面走过的人取取经呢？虽然每个人的个人性格能力、人生际遇有差异，但有些共通的经验是可以共享的，所以，可以向学长学姐或者是公司的前辈取取经，看下他们在职业初期遇到了哪些问题，让你对前路将会遇见的"风景"做好心理准备，还可以通过分享学习借鉴一些有效的应对策略。甚至可以找同样处于这个阶段的同学或朋友一起分享自己所面临的状况和问题，相互交流应对方式。

在职场中，竞争是必然的，但我们应该尽可能地避开与竞争对手的正面冲突，要以婉转但又不卑不亢的态度来处理和竞争对手的冲突和矛盾。当面对竞争对手具有攻击色彩的言行举止时也要保持镇静，因为适度的沉默和谨慎行为可以帮助你免去很多麻烦。此外，要学会欣赏对方，发现对方的长处，并虚心学习，这样才能汲取他人所长，补自己之短，并在竞争中超越竞争对手；还要学会理解别人，学会用换位思考的方式去看待问题。

3. 有明确的目标和追求

乔布斯在给斯坦福大学毕业生的演讲中提到：你们的时间是有限的，不要浪费在重复别人的生活上。不要被其他人的喧嚣观点掩盖自己内心真正的声音。你的直觉和内心知道你想要变成什么样子。所有其他东西都是次要的。在纷繁芜杂的生活中，别忘了思考和辨别自己的需要及优先次序，保持你长远的人生目标。每一份工作都是朝着你最终的职业目标所迈出的一小步。有明确的目标和追求，能够在日常的事务性工作和繁杂的生活中为你提供前进的方向和行动的力量。

（二）坚持持续学习

对职场新人而言最重要的是什么能力？持续学习的能力。学习能力的差异，在实践上还是有差异，学校里还是以理论学习考试做题为主，而在职场里更强调是解决问题的能力，是否能够运用所学知识解决工作中出现的实际问题的能力。现在互联网时代发展得如此之快，新鲜事物不断涌现思想方法更迭换代，学习方式途径也在不断改变。曾经咱们觉得要去图书馆读一本书才算学习，而现在你翻朋友圈的时候是在学习、上网浏览新闻的时候是在学习、听一场网络共享课或参加一个社群都是在学习，学习变得更为简单和快捷。但信息的纷繁复杂也让我们越来越难坚持。坚持学习，坚持将碎片化学习和系统化的阅览相结合，提高自身"人力资本"。

1. 提升专业能力

工作中的学习方法和学校里的学习方法有差异。在工作中，一定要学会根据应用场景来学习，遇到问题就找相应的资源来解决具体问题。对于职场新人而言，首先可以充分利用入职培训的机会和公司提供的其他培训机会，尽快熟悉新领域和新业务的方法；其次，可以向公司前辈和领导请教，在平时工作中有意识地去观察学习别人都是怎么做的；第三，自主学习，找到该领域评价最高、系统性最强的 5 本书，高强度泛读，梳理核心概念和逻辑框架，再通过精读，熟悉相关内容了解具体应用；第四，利用网络资源，如经验分享帖、学习资料、专业社群、付费咨询、在线课程等；最后，在工作中验证实践自己所学的知识，根据实际情况不断进行调整。

2. 学会投资自己

如果是一项理财投资，要保持 20% 的年化收益是极难的，毕竟理财有风险；

但是你用于投资自己，定下年进步20%的目标，这可是稳赚不赔的生意。如果能坚持投资自己，假以时日你会看到不一样的自己。如何投资自己？知识付费被讨论得越来越多，我们在平时的购物聚餐中花销会觉得理所当然，但是对额外的学习成本总是比较吝惜，可以规定每月一笔固定的学习基金用于学习所需，并且一定要花掉，那么你会在哪些方面去使用？这就需要你根据自己的实际情况去规划了。除了职业知识外，还可以提高综合素养，如艺术、旅行、历史、哲学、美食等，所有这些事情可能都不会在职场上用到，却建构了你给人的全部印象和观感。电影《卡萨布兰卡》里有一句经典的台词："如今你的气质里，藏着你走过的路，读过的书和爱过的人。"一个人的学习和提升是整体的，不要仅仅为了有用而去学习，那多无趣。

3. 输出倒逼输入

学习是讲究方法的，根据美国缅因州国家训练实验室的研究成果——学习金字塔模型，不同的学习方式在学习后两周还能记住的内容的百分比之间有极大的差距。单纯的听讲在两周后学习内容留存率仅有5%，阅读学习是10%，视听学习是20%，演示学习是30%，但如果对学习内容进行讨论留存率会提高到50%，将学习内容用于实践留存率为75%，而将学习内容掌握之后教授给他人留存率可以达到90%，所以我们可以看出，主动学习的效果和被动学习的效果之间差异是巨大的，通过和别人进行讨论，将理论运用于实践以及教授给他人的方式可以大大提高学习的效率。通过输出倒逼输入就是运用这个原理，用输出给他人的方式去学习能够更牢固地掌握相关的内容。另外，在职场中，我们常常会用"工作太累没有时间"给自己偷懒找理由，而用输出倒逼输入也是一种约束方式，让我们不得不去学习。在职场中我们要学会发光被看到，同时也可以点亮别人，这就是输出能力。

（三）注重时间规划管理

1. 要事第一

美国管理学家史蒂芬·柯维在他的《要事第一》这本书中提出了时间管理的"四象限法则"。如果把目前所有的事情按照紧急程度和重要程度去分类的话，可以将其分为四个象限，根据下图的指导原则，我们可以从三个方面进行时间规划。

第一，把握事情处理的原则。我们倾向于先做有趣的、简单的、新奇的和急迫的事情，但是富有意义和价值的事情却通常都是颇具挑战的长期任务，过程不但困难重重，乏味无趣，而且只有临近截止日期时才会显出急迫。查尔斯·哈默尔在《紧迫性专制》中认为："重要任务很少要求当天或本周必须完成，紧迫任务要求立即行动……这些任务之似乎不可抗拒，似乎很重要，所以吞噬我们的精力。但是随着时间的推移它们有欺骗性的重要性逐渐消失；我们将带着失落感回忆起被我们搁置一旁的重要任务。我们发现自己已经成为紧迫性专制的奴隶。"工作是永远做不完的。一些表面看起来"很忙"，经常加班，但成绩并不突出。原因在于缺乏时间管理能力和按照优先级为工作排序的能力，做了太多"紧急而不重要的工作"。我们要先处理既紧急又重要的事件，接着处理重要但不紧急的事件，然后处理紧急但不重要的事件，最后处理既不紧急也不重要的事件。

第二，注重时间精力的合理分配。虽然第一象限重要且紧急的事情是优先完成但是如果一直在完成重要且紧急的项目我们就需要反思我们的时间管理，当事情处于重要且紧急中的时候我们所面临的压力是最大且最容易出错的。根据墨菲定律，任何可能出错的事情都会出错，这个世界不会注意到你处于紧急状态，事情还是会以它们通常的概率在出错。所以我们的精力分配更多的应该在于处理重要不紧急的事情，这样它就不会因为没有及时处理而变成紧急且重要了。在制作任务清单时，我们总是需要在紧急项目和重要项目之间进行平衡，在可能的情况下，要把重要项目放在紧急项目之前。

第三，做好长远规划。当前的事之所以显得更有价值是因为它们更突出、更生动，当它们跟遥远、暗淡的未来事情相比的时候尤为如此。如果我们一直都沉溺在当前的话就会一直很被动，适当的时候需要抬头看看前面，做好长远的规划。就像寓言故事里说的，马跑遍世界，驴在原地打转（推磨），驴羡慕马，马说"其实我们走的路一样多"，努力很重要但努力的方向更重要，无论再忙碌都需要抽出一小部分的时间为所有事情分个轻重缓急，做一下总体规划。

2. 克服拖延症

拖延是一种躲进幻想的时间的逃避方式，直到截止日期来临，正如塞缪尔曾说："我们一直推迟我们知道最终无法逃避的事情，这样的蠢行是一个普遍的人性弱点，它或多或少都盘踞在每个人的心灵之中。"造成拖延的原因有很多，根据《拖延心理学》有这么几点：第一，对成功所需的能力缺乏自信；第二，对要去完成某个任务有反感心理；第三，设定的目标和回报太遥远；第四，无法自我约束。现代社会越来越多的人反应自己有一定程度的拖延症，克服拖延症，提高执行力，对职场新人而言尤为重要。如果你也有拖延症，可以从以下几个方面着手。

（1）两分钟定律

管理学专家戴维·艾伦（David Allen）提出的"2分钟定律"，意在告诉大家培养高效办事的心态无须花费很多的工夫，重点就是：现在、立即、马上处理！简单来说，如果完成一件事情，它所花的时间低于两分钟的话就立刻做。吃完泡面发现垃圾桶满了，就立刻把垃圾袋换掉。收到信用卡的账单，就立刻拿出手机把它还掉！养成积极的习惯，避免杂事堆积，有效避免杂事在你准备做重要事情时分散注意力，比如，总是在想写论文的时间开始整理房间，在打算做幻灯片时开始清理电脑桌面等。

（2）切割大型任务，设定具体的目标

大部分拖延者脑子里只有终点，至于怎样到达，他们往往不愿多想。拖延的一个重要原因就是设定的目标和回报太遥远，任务不清晰不具体导致不知道从何开始而拖延。在时间管理上的蛋糕切分法和番茄工作法就是利用这样的原理，一个从内容的维度上将任务进行拆解，通过切分改变对任务的感知，理清头绪开始执行；一个是从时间的维度将任务所需要的时间进行切分，不愿意开始的时候，先做25分钟再说，从而提高执行力。所以在面对重要任务却不愿意开始时可以将任务进行拆解切分，有清晰而明确的短期目标，有利于减少拖延、提高执行力。

（3）做一个公开的承诺

人们对说过要做的事情并不是总能兑现，但是如果他们把自己的想法公之于众，并且做不到的话许之以一笔罚款，就会更容易达成自己的设想。这种方式比较好理解，在无法自我约束的情况下我们可以通过外部监督的压力让自己克服拖延。

（4）比拖延更糟糕的是因为拖延而产生自责

比拖延更糟糕的是因为拖延而产生的自责愧疚情绪，往者不可追，但一些拖延者因为拖延而沉湎于自责的情绪中，一方面还需要花更多的时间将自己从这样的情绪中拔出，另一方面这些情绪上的"杂物"给自己一个负向的强化为自己贴上了"我就是这样"的标签，反而成了造成你拖延的原因。

所以，当你因为拖延而产生负面情绪的时候，可以尝试先做些运动，排除情绪上的杂物然后重新开始。运动会刺激身体产生一种称为内啡肽的荷尔蒙，有助于提升愉悦感和幸福感。

（5）做自己感兴趣的事

如果一直处于重度拖延的状态，尝试各种方法都不管用，你可能需要反省下自己是不是当下正在做的事情是你很抗拒的事。你必须有很强的动机才能去从事一些你并不是真正感兴趣的事情，而且你很容易找到借口，将那些不是那么急迫的事情一拖再拖。所以拖延有时候也是一个指标，去衡量你对目前所做事情是否感兴趣或认可，有助于及时调整方向。

3. 记录时间分布

管理大师彼得·德鲁克在《卓有成效的管理者》中有一章专门讲了管理者应该如何进行时间管理，备受推崇，其中记录时间就是时间管理的第一个步骤。我们要管理时间的第一步就是要知道自己把时间花在哪儿，学会诊断自己的时间管理情况。通过记录时间可以得到自己的时间分布，发现自己有什么事情是根本不必做的，什么事情是投入很多但是产出却很少的，还有什么事情是可以由别人代为处理又不影响最终效果的。没有记录就没有发生，要想管理时间就要先记录时间，就像要理财就要先记账一样。记录时间的意义在于活在当下，觉察当下在做什么，能够了解时间去哪了，更有条理有智慧地去运用时间。

根据霍桑实验的理论，被观察会对人的执行效率有正向影响，人在被观察情况下会自觉或不自觉地调整自己的行为做得更好，其实不只被别人观察会，被自己观察也会，所以坚持对自己做记录，你可能收获的不仅仅是客观的记录，还会因为在被观察记录下不自觉地规范了行为。现在记录时间也很方便，除了用纸笔自己记录外还可以使用专门的软件记录你手机和电脑上各种软件的使用时间，也可以用于参考。

4. 消除浪费时间的活动

在记录时间、了解时间使用分布后，可以根据自己的实际情况消除那些浪费时间的活动。有以下几种方法可以帮助你远离浪费时间的活动。

（1）尽量远离手机。现代人的手机病已经被反复提出，手机俨然已经成为人体的一个器官，各种推送信息短视频等，不知不觉刷一刷手机时间就过去了。养成办理重要事情的时候尽量远离手机或者是在休息放松的时候选择刷手机以外的方式，平均每天节约 1.5 小时的话如果坚持长达 7 年不玩手机，你就能多出3832.5 个小时，近半年的时间，如果将这些时间投入到其他事情理去，可能会小有成就。

（2）关掉通知。如果做不到远离手机，我们可以选择关掉手机消息的提醒。邮件、微信、微博、QQ、知乎等软件的消息提醒争先恐后地抢走你的注意力，很容易将时间切割更加碎片化了，每次转移注意力的时间大约只需要 0.7 秒，但是我们每次再集中注意力的时间却需要几分钟。关掉所有的通知，当你在放松、可以不需要集中注意力的时候再去处理那些事情，比如，饭后休息的时候；然后把那些事情集中解决，这样可以节省不少时间，也能够保证事情的连续性。

（3）适当忽略。现代社会中我们时刻在学习同时处理多项任务的能力，你的大脑实际上无法同时胜任多项任务，有的时候短时间内专注在单件事上可能会更好地提高效率所以在工作中要学会适应忽略。听着有点粗鲁甚至不太道德，但却是相当必要的。总是有些事是暂时没空去处理的。有一些事情你必须允许自己在当下忘记这个世界是不会因为你的暂时缺席而崩溃的，这样做的好处是你完成了那些真正重要的事情。

（四）注重人际交往技巧的提升

人际交往技巧是学生和职场人明显的差异之一，这是需要时间和经验不断去累积的，提升人际交往技巧是职场新人必修课，也是大多数职场新人职业适应的途径。戴尔·卡耐基曾说："一个人事业上的成功，只有 15% 是由于他的专业技术，另外的 85% 要依靠人际关系、处世技巧。软与硬是相对而言的。专业的技术是硬本领，善于处理人际关系的交际本领则是软本领。"人际关系处理得好是职场事半功倍的法宝，能够在职场中营造一张和谐舒适的人际关系网络，构建自己的人脉资源，是打开成功之门的钥匙。有的人一想到人际关系，就把它想得比较功利，这需要转变观念，人脉资源其实是资源间的平等流动和补充，善于利用人脉资源就和学习获取知识信息一样重要，人际交往能力是职场人综合能力的重要组成部分，是解决职场问题的有效途径之一。

1. 学会倾听

聊天时，每个人都想聊自己，发表自己的观点，但是在人际沟通中比起"会说"我们先要"会听"，西方有句谚语"用十秒钟时间讲，用十分钟时间听"，倾听看起来被动，但其实是人主动参与的过程，在这个过程中，人在不断地思考，接收和理解。首先，当你安静地听的时候其实是一个接收信息的过程，学会倾听能够在沟通中获取有效信息；当你在讲话时，你就听不到对方的良言，很多人会忽略这一点，倾听其实是一个学习过程，可以增长经验和知识。其次，在沟通中你只有把注意力集中在对方的身上，才能够倾听，对方也能察觉你对他的关注和尊重，自然也会回馈你友善和好感，有利于营造良好的沟通氛围和构建良好的人际关系。最后，研究表明，良好的倾听技巧和工作效率之间存在着直接联系，接收倾听训练的员工比没有经过倾听训练的员工效率高得多，因为"会听"你才能真正理解对方的真实意图，准确传达信息，减少矛盾和冲突，从而提高效率。

2. 学会表达

"酒香也怕巷子深。"这是一个彰显个性的时代，我们需要被看到就要学会展示自己，而不是埋头苦干等着被发现。职场中学会表达的技巧很重要，如果一个项目你做到了 12 分，但是只能展示出 8 分，其他同事做到了 8 分但展示了 10 分相比之下你就是处于劣势的。不仅是在汇报工作时，在日常交流中也要学会如何明确表达自己的想法和观点。

（1）学会自我表达。很多人对在众人面前发言感到害怕和紧张，因此，需要反复在众人面前练习发言，做到表达逻辑清晰，主题明确。一场演讲或者一集节目能够让人记住三件事，已经是非常好的内容了。当所有人都照本宣科的时候，谁能带来惊叹号，谁就会给大家留下深刻的印象。

（2）学会赞美。有理有据地赞美对方，喜欢被赞美是人的天性，赞美别人可以让你收获良好的职场关系，在人际沟通中双方心情愉悦。但是赞美一定要从实际出发，真诚发自内心地赞美，毫无根据地乱赞美可能会适得其反。

（3）学会为他人着想。在职场沟通中换位思考很重要，要能够站在对方的角度思考对方的顾虑和担心，了解对方的期待和喜好。职场沟通不是要把对方拉到你的战车上，而是要找到共赢的中间状态。在日常生活中练习去关心别人，而且表现出你的关心，通过日常的点滴，积累良好的人际关系，等到真正需要解决问题时自然会得到帮助。

（4）学会不卑不亢、平等真诚。职场新人在入职期间容易因为角色适应困难，陷入因为自卑或自负造成的沟通障碍中，应积极主动与他人进行沟通，做到不卑不亢、平等真诚，赢得他人的尊重。

3. 学会与领导同事相处

在职场内发展人际关系网非常有益。有些人会因为单位同事之间可能存在的利益关系特地去回避较为深入的同事关系，其实大可不必，人际关系其实就是资源的集合。在职场中明确自己的原则和底线，与一些有共同兴趣爱好或互相欣赏的人发展更深层次的关系，不仅可以得到工作中所需要的支持和鼓励，而且还能掌握更多的信息和资源。

（1）善用入职培训。在新员工入职培训中认识一起培训的其他部门的人，可以更全面地了解整体情况，在涉及部门间合作时会更加顺畅，新员工处于同样的阶段面对同样的挑战，更容易建立联系互相支持。

（2）寻找职业督导。设法寻找资格较老、愿意担任你"导师"的人，他们可以在事业上给予你指点和帮助，也就是职业督导。职业督导是西方的概念，在我国类似师傅或者是职业导师，"优秀的职业督导可以拓宽你的视野、开阔眼界；帮你建立自信，在道义上支持你；做你职业生涯的榜样；提高你的能力，帮你发展智力和情感的能力；帮你与他人建立工作关系，帮你了解和熟悉本行业的价值观和惯例；对你的成绩做出客观的反馈和评价；帮你跨入自己理想的行业，指导你并在其中不断发展"。如果能够在职场中找到职业导师，对于个人的职业发展有很大的益处。

（3）加入职业社群。在职场中找到自己的社群会让你事半功倍，通过专业或者是爱好建立起来的圈子，融入其中，通过集体的交流和分享比自己单独学习会有更大的收获；同时，在圈子中可以认识不同的人，不仅拓展了人际关系网络，还积累了一定的人脉资源。

（4）学会团队合作。单丝不成线，独木不成林。人是社会性的动物，我们需要集体的合作，有句话说得好，"不管一个人多么有才能但是集体常常比他更聪明和更有力"，而且在分工日渐细化的环境中，我们的工作都是需要各方的协调和配合一起完成的，团队合作不应只是单位选拔来考核个人的一个空洞指标，更应该是我们工作中主动寻求的解决问题的思路。

（5）掌握沟通方法和时机。在人际沟通中方式和时机很重要，如果你和同事发生冲突，要学会用建设性的方式来解决。后退一步，考虑一下你在这件事中所扮演的角色，你想要达成的诉求，以及对方不愿意退让的理由，然后与对方私下会谈，寻求双方的共同之处和解决途径。

（6）学会和领导相处。在职场中遇到不好相处的领导是难以避免的，建立这样一个认知之后，在和领导的相处过程中你会更顺畅些。领导的风格和要求对于员工的影响很大，所以学会和领导相处很重要。作为职场新人首先要给领导留下好的第一印象，注重细节，了解领导的习惯和风格，在工作交流中表达清晰有逻辑，把握重点，在让领导做决定的时候最好有备选方案。另外，工作中遇见和领导意见相左时，遇见完全不能理解领导决策时，该怎么办呢？可以沟通、尝试表达自己的想法，如果沟通无效，你只能服从，毕竟承担最终的风险和责任的是领导，而且领导更了解公司的具体状况，这是在你的职位上看不到的，掌握的信息不一致，得到的结论也会不一样。

4. 学会拒绝

职场新人有一个体验就是领导和同事都会交给你各种各样不得不做的事情，这是一个正常现象。作为新人可以通过多做一些事情来学习和锻炼，通过帮忙来获取同事的好感，但是如果这些工作已经逐渐在你力所能及之外影响你的本职工作和日常生活时，我们需要学会说"不"。

有时候我们之所以答应去做一些事情，是因为我们想要取悦别人，或者因为我们担心如果拒绝就会冒犯他们。但是为了一个错误的理由而答应去做事情最终还是会让人不舒服，也可能会导致厌烦和拖延。那些无法让你向着自己的方向前进的事情，那些空洞又占据着你很多时间和精力的事情，你需要学会去拒绝对于一些不重要的任务，可以将其分派出去甚至扔掉不管，"没有人可以什么事情都做，你也是，你不是唯一可以做这件事的人"可以从以下四个方面学会拒绝。

（1）委婉含蓄地拒绝。如果说比被拒绝更让人感到不适的，就是拒绝别人时的语言和态度，给予最重要的尊重和理解，切忌对方事情还没说完就直接拒绝，了解对方的困境之后换位思考，对对方的情况表示理解，同时说明自己的难处，拒绝时态度要有礼貌，表情要诚恳，但是要准确传达出拒绝的意思。

（2）巧借外因拒绝。委婉拒绝的理由也很重要，不能简单粗暴地说"我就是不想帮你"，尽量将理由归结为一些客观的外部因素，如时间安排冲突、公司规定不允许、领导不同意、正在进行的项目无法抽身、没有权限等非主观因素，对方更容易接受。

（3）积极友好地拒绝。积极友好的拒绝方式在于拒绝的同时能提供其他的方法。虽然不能亲自帮忙但是可以帮他想出另外一条出路，给出切实可行的建议，提供其他的渠道或方法，实际上还是帮到了忙，这样的拒绝对方还是会心怀感激的。

（4）不轻易许诺。拒绝别人不容易，但是如果做不到，千万不要碍于情面而答应，结果事情没有办成，也耽误了对方去寻求更合适的机会，好心办了坏事，双方都很难办。所以，答应别人的请求之前先考量自己有没有时间或有能力帮忙，如果承诺了最好就要做到。

5. 职业形象的塑造

你的外表能"说话"，人们可以从你的装束上读出你的内心世界，鉴别你的品位，得体的打扮能够给对方留下好的印象，体现你的用心和重视。"把衣服烫平把皮鞋擦亮，使自己看上去干净整洁，也能使你变得思维敏捷。"良好的职业形象能从着装、装扮、言谈、举止等多个方面体现出来，细节决定成败，你的举手投足都是你的名片。职场新人经常容易"学生气"太重，花一点时间塑造良好的职业形象，职场人的装扮可以让你更容易进入职业角色，完成角色转换。

第二节　职业生涯发展规划

一、大学生职业生涯规划的概念与特征

（一）相关概念界定

1. 生涯

生涯是一个动态的过程，贯穿于人生的全部过程，它包含着学习、成长、贡献、享乐、困苦等各种情况，在生涯的不同阶段，我们扮演着不同的角色，经历着不同的事件，这些都时时刻刻影响着我们个人的身心发展。通过对自身过往经历或不同人物生涯过程的了解和研究，可以使我们进一步了解自己对人生发展的渴望，从而有计划地展开一系列的行动，积极地、主动地去面对未来。同时，受遗传因素、教育经历、家庭条件、社会环境等诸多因素的影响，每个人的生涯都存在着差异性，所以，生涯发展是个性化的发展，各种原因的交互作用使每一个人都有专属于自己的生涯。

2. 职业生涯

职业在人的一生中举足轻重，人们从事职业活动的时间占据了我们生命的很大一部分，职业深刻地影响着我们的生活和身心健康。从时间层面上来看，我们的职业就是职业生涯，它主要是指一个人职业发展的全部过程和体验。

舒伯把职业生涯的发展看成为一个连续渐进的过程，他的生涯发展理论对于高职生制订科学合理的职业生涯规划启示很大。舒伯的理论认为，人的职业生涯发展分为五个阶段。

第一个阶段：成长阶段（0—14岁）

儿童开始辨认自己周围的事物，并逐渐意识到自己的兴趣所在以及与职业相关的一些最基本的技能。这一阶段的发展任务是发展自我概念和对工作的正确态度，并了解工作的意义。

第二个阶段：探索阶段（15—24岁）

青少年开始尝试一些自己感兴趣的职业活动，对自我能力及职业进行探索，发展相关的技能，职业倾向趋向于某些特定的领域，形成一定的职业偏好。

第三个阶段：建立阶段（25—44岁）

个人开始尝试选择适合自己的职业领域。这个阶段的发展任务是个人致力于在适当的职业领域稳定下来，巩固地位，并力求晋升。大部分人在建立阶段处于

最具创造力的时期。

第四阶段：维持阶段（45—65岁）

个人通过不断努力来获得职业生涯的发展，并逐渐在自己的领域中占有一席之地。这一阶段的发展任务是维持既有成就和地位。

第五阶段：衰退阶段（65岁以上）

由于生理及心理功能的日益衰退，个人的职业角色逐渐减少，即减少在工作上的投入。开始考虑退休，计划安排退休生活，享受自己的晚年生活。

从舒伯的理论可以看出，高校生正处于职业生涯发展的探索阶段。高校生应该利用在校时间，多参加一些社会实践活动，了解和尝试社会中的各种职业，积累一定的社会工作经验，最终找到适合自身发展的职业。

舒伯在后期提出，在一个人的职业发展过程中，职业发展的五个阶段并不完全和年龄相对应，而是一个循环的过程，这是和当今社会人的职业观相符合的。随着社会的发展和科技的不断创新，人们可能自始至终不会从事一种职业。有关专家认为，21世纪一个人平均每5年就得更换一次工作，原因可能是个人能力不能胜任目前的工作，或者有一些新岗位更适合自己的发展。

3. 职业生涯规划

职业生涯规划又叫职业生涯设计，是指个人与组织相结合，在对个人职业生涯的主客观条件进行测定、分析、总结的基础上，对自己的兴趣、爱好、能力、特点进行综合分析与权衡并结合时代特点，根据自己的职业倾向，确定最佳的职业奋斗目标，并为实现这一目标做出行之有效的安排。职业生涯规划不是找工作，而是为自己谋划未来人生。

4. 大学生职业生涯规划

大学生职业生涯规划实际上是在大学阶段为将来职业发展做准备的大学期间的生涯规划。它是指通过对未来大学生活道路的预期设计，采取相应措施，谋求在大学生活中取得更大成功，并为将来职业发展奠定职业素养基础的大学生活管理活动。

（二）大学生职业生涯规划的特征

就整个职业生涯来说，大学生职业规划仅仅是职业生涯规划中所占比例很少的一个阶段，但是这个阶段却是决定我们未来职业发展路径的关键阶段，因此我们必须重视这个关键阶段，找到这个阶段对每一名大学生最重要的内容。大学生职业生涯规划因其特殊的阶段性而具有其不同于其他阶段的特征。

1. 阶段性

大学生经历的 4 年学习由于年级不同，涉及的知识范围和参与的实践活动不同，大学生在认知、情感和意志发展的状况不同，因此大学生的生涯规划呈现出明显的阶段性特征。

2. 前瞻性

由于大学学习阶段与职业生活还未真正接轨，大学阶段是为职业发展做铺垫的阶段，因此大学期间的职业生涯规划是为将来进入职场的职业生涯规划做准备的，需要有预见性，要确保为将来的发展埋下种子，能够为将来的职业发展提供巨大的助力，那么这种规划就必须具有较强的前瞻性。

3. 发展性

俗话说"凡事预则立，不预则废"。但是，推导预见的计划必须因时而变、因势而变，因此大学生在制定职业生涯规划时，要留有空间确保自己的规划能够在大方向和目标不变的情况下适应新的条件机遇和时代特征的要求。

4. 整合性

大学生职业生涯规划内容十分丰富，涉及学生的学习、生活、实践、活动、时间安排、自我管理等各个方面，而且各方面都要体现职业需求，全面发展，因此具有整合性的特征。

二、职业生涯规划的原则和要素

（一）职业生涯规划的原则

1. 系统性原则

职业生涯的规划是一个需要细致谋划的过程，必须站在全程的高度对生涯发展的整个历程做考虑，形成环环相扣的网络体系，使之成为一个严密而科学的系统，不能是零散的、毫无关联的简单步骤，正如下棋一般，落一子而动全局。

2. 可行性原则

制定职业生涯规划时要充分考虑实施的目标、路径、方法是否可行，方案措施是否合理，个人与环境条件是否充分，确保目标可以达成，强调生涯规划的客观性。

3. 挑战性原则

规划既要符合实际情况，又不能没有提升，具有一定的高度，具有挑战性，这样才能发掘潜力促成进步，让我们在职业发展的过程中具有更强的获得感，得到更多的成就和收获。

4. 动态性原则

要根据事态发生的变化辩证地思考我们的职业生涯规划，适时做出调整，在实践中验证，在实践中完善。

5. 阶段性原则

职业规划的目标不能一步到位，必须循序渐进，在总体目标的导引下对目标进行分解，根据每一个时期的特点和重点制订阶段性的目标和完成目标的方案和措施，只有这样我们才能积少成多、集腋成裘，在实现每一个小目标的过程中达成一生的职业愿望。 如果我们整天拿着自己现有的状态比对未来的预期，就会陷入困局惶惶不可终日，永远不可能实现自己的鸿鹄之志了。

6. 可评估性原则

制定职业规划要目标明确、措施具体，完成的时间要做出限定，对可量化的内容要尽可能数据化，以便检查评估，为随时根据情况对自己的规划进行调整修订提供完整科学的依据。

（二）职业生涯规划的要素

1. 知己

知己就是要了解自身的情况，对自我进行全面而充分的了解和认知，明确自己的兴趣、能力、性格、价值观、气质等各方面的条件。

2. 知彼

要对自己职业发展的外部环境进行探知，明确自己所具备的外部环境因素，探索职业特性、组织环境、能力需求、发展规律、行业趋势等各方面的情况。

3. 抉择

在知己知彼的基础上做出选择，确定符合自己内外条件的职业目标。

4. 目标

抉择之后就是确定目标，建立自己的目标体系。

5. 行动

所有的分析过程和决策过程已经完成，接下来就是付诸实践，如果没有行动，一切的愿望都是空谈。

6. 评估

在行动的过程中，对自己的分析结果、决策战略、目标的客观性和行动方案的科学性进行效果评估，通过实际效果来检验职业规划的合理性，并根据评估结果进行相应调整。

三、职业生涯规划的任务与意义

（一）职业生涯规划的任务

职业生涯规划根据个体自身情况的综合评估，设计规划个体的短期目标和长期目标，并具体到个体职业发展的步骤，其主要有以下四项任务：

1. 确定职业生涯发展的方向和目标

个体应通过多种形式和手段了解自己的兴趣、爱好、能力及性格特征等，并综合评判个体当前所面临的内外环境和职业资源，从而确定自己的具体职业生涯发展目标。

2. 确定实现职业生涯发展的方略

围绕确定的职业生涯方向和目标，制订实现目标的相应方略。方略大致可分为三类：

（1）一步到位型，指在现实条件下，利用已有资源立即实现。例如想成为公职人员，可通过公务员选拔考试一步到位。

（2）多步趋近型，指积累与目标相关的职业经验，积少成多逐步趋近，从而实现自己的最初目标。例如创业，因资金等种种现实原因无法立即实现，可以通过积累相关行业经验与资源实现创业成功。

（3）先就业后择业型，指当前理想目标无法实现，可以先选择一个就业岗位，等待机会，去实现自己最初的梦想。例如，自己想去世界500强企业发展，目前条件并不具备，可先选择相关行业就业，等待机会再择业。

3. 确定职业生涯发展的具体路径

个体要想实现自己的职业生涯发展目标，必须确定切实可行的职业生涯发展路径。确定职业生涯发展路径时，要全面考虑每种发展可能的路径，包括目标、面对的困难、所需要的帮助、外界的评价以及可能面临的收益与风险。

4. 细化职业生涯发展的具体行动计划

确定了职业生涯发展的具体路径之后，需要细化并落实具体的行动计划。具体行动计划的细化需要考虑其易操作性，要有具体的时间流程表，同时需要考虑计划的可调整空间，并保证职业生涯规划结果的有效性。

（二）职业生涯规划的意义

从职业生涯规划的定义中可以看到，规划是一个过程，其功能在于为职业选择设定一个目标，并通过一系列的方法，制定出达成目标所需要采取的步骤。目标的设定是职业生涯规划的开端，也是职业生涯规划的核心，我们在职业生涯规划中所需要开展的各种测评、评估、探索都是为了最终实现目标而进行，目标是希望、方向和未来。在职业生涯规划的过程中，职业目标的设定是一个探索的过程，个体在发展历程中不是始终都有明确的目标，职业目标探索能够帮助从业者在职业发展过程中不断澄清自己的职业价值观，明确生命的价值和意义，并树立起坚定的信念去实现它。

米凯洛奇（Betty Nevi He Michelozzi，1998）指出：生涯规划有突破障碍、开发潜能和自我实现三个积极目的（图 5-2-1）。一个人最大的幸福，是能以自己选择的方式生活。择其所爱，爱其所择的结果，会使一个人以己为荣，并呈现出圆融、丰足、喜悦、智慧和充满创造力的气质。

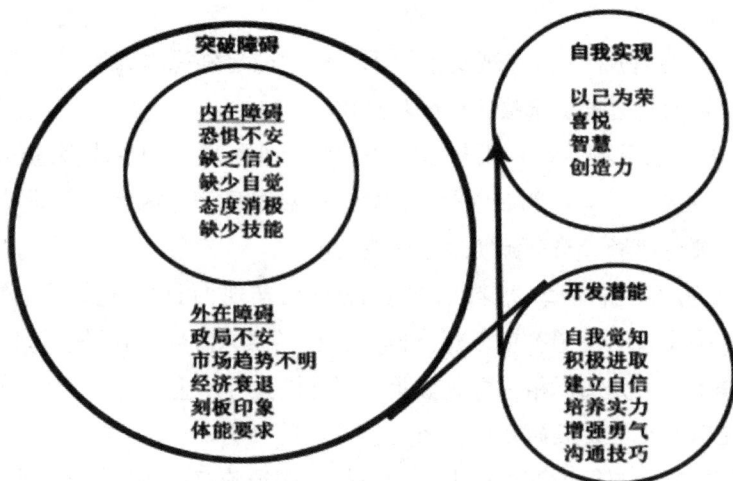

图 5-2-1　生涯规划的三个积极目的

大学生处在人生的探索阶段，这一阶段他们既对客观世界有一定的认知，但大多数又不具备成熟的思考和分析问题的能力，导致很多学生在追求理想的工作目标和人生目标时充满疑惑和彷徨。还有的学生对未来有憧憬，但又感觉过于美好，不可能实现，而不敢设定理想目标。阻碍学生展开想象、迈出步伐的主要原因就是如图 5-2-1 中所示的内在障碍和外在障碍。

内在障碍通常是由于个体对自身的了解不足、评价过低造成的，表现为对未知事物的恐惧、对陌生任务的不自信、缺少行动力和自觉性、处事态度消极和知识技能储备不足等。例如：有的学生不太了解自身的优缺点，对于自己所感兴趣的、擅长的工作或生活没有明确的概念。反映在求职过程中，就是很多学生都面临的一个问题——不知道自己能做什么、能不能做好，或者总觉得自己不能完成岗位的职责，没有工作的积极性和自觉性，缺乏从业的信心，进而造成不愿参与求职或者求职表现不佳，很多同学选择本科毕业之后继续读研，并不是出于对于科研工作的兴趣和自身发展需要，而是通过这种方式回避就业问题。破除内在障碍，需要学生正确审视自己的各方面情况，综合考虑优势与弱势，全面地了解和接纳自己，不要用完美主义去评价自身价值，找到自己的闪光点，树立求职自信心，避免自身低评价对求职的影响。

外在障碍来源于个体所处的外在环境，通常与政治局面、政策导向、行业发展、就业市场变化、身体素质等相关。个体在没有明确的职业生涯发展目标的情况下，更容易受到外界因素的影响，使生涯的发展方向发生随机的变化。比如说，学习同一专业的两名毕业生，在家庭背景、社会关系、学业成绩等个体因素都没有明显差异的情况下，受社会经济发展和就业竞争日益激烈的影响，求职的结果都不是非常理想，但在职业发展的过程中，有明确职业生涯发展目标的学生，表现出来的状态是：积极面对工作不理想的现实，有计划地培养未来发展所需要的技能、积累职业资源，把每一天工作的成绩作为实现最终理想和目标的积累；而没有职业生涯发展目标的学生，表现出来的状态通常是：抱怨自己生不逢时，社会就业竞争压力大，没有理想的就业单位抛来橄榄枝，自己在大学期间所学的专业和锻炼的能力在社会上根本没有用武之地。因为没有明确的目标，这样的学生很难振作起来，改变自身去适应社会发展的需要，应对面临的困境。上面这个例子中，两个学生的职业发展起点的背景是类似的，但却因为对职业生涯发展的认知不同，而产生了巨大的职业发展差异，一个积极进取、克难求进；一个意志消沉、怨天尤人、随波逐流。人生发展的轨迹就此产生了巨大的偏离。

四、大学生职业生涯规划的步骤与内容

大学生在进入大学学习之初对一切都感到新奇，都想进行尝试。通过一段时间的熟悉了解后开始出现 3 种情况：能够厘清思路的会把握住大学学习生活的重点，掌握学习生活的主动权，职业道路非常顺利；不能厘清思路的就完全放弃沉

沦，得过且过，最后可能连文凭都拿不到，职业对他们来说基本是没有头绪的；还有一种看似思路清晰又不完全清晰的，三天打鱼两天晒网，东一榔头西一棒子，也有可能成绩特别好，但是最终走向职场并不受重用。那么大学生究竟如何进行职业生涯规划呢？下面我们来介绍大学生职业生涯规划的步骤和内容。

（一）步骤

1. 自我分析

自我分析就是充分地对自己做全面分析，通过分析全面认识自己、了解自己。对自己的职业兴趣、能力水平结构、优缺点、气质风格、职业价值观等内容进行评估。只有认识自己，摸清楚自己的整体面貌，才能够正确地选择职业方向，才能够确定适合自己的职业发展路线。自我分析是职业生涯规划过程中非常重要的一个步骤，是职业生涯规划的基础，只有充分认识自我，才能避免职业生涯规划过程中的盲目性，形成科学有效的职业生涯规划。

2. 外部环境分析

对外部环境的分析主要是从组织环境和社会环境两个方面进行分析。组织环境即是对今后自己所供职的单位组织发展状况进行分析，从自己在组织中的角色出发分析个体将来的发展途径。与此同时，社会环境对个人的职业生涯规划也有着十分重要的影响，对社会环境的分析要从经济环境、人口环境、科教环境、政治与法律环境、社会文化环境、国际环境等多方面进行分析，力求全面。

3. 目标确定

在对个体的职业状况进行充分分析后，需要确定自己的职业目标。没有目标就没有方向，确立目标是职业生涯规划的关键。在确立目标的过程中要注意形成目标体系，而不是单一的目标罗列，既要注意目标体系的串联关系，也要把握目标体系的并联关系。从时间上来说，要先确立终极目标，再确立长期目标，还要设立中期目标和短期目标；从空间上来说，要进行目标分解，细化步骤，为实现目标创造充分的条件，促成阶段性目标的精准实现。

4. 方案的制订和实施

目标必须要通过具体的实践才能够实现，那么如何去一步一步地实现自己的职业生涯规划目标呢？这就需要我们在目标体系的指导下制订实现每一步目标任务的运作方案，把目标落实到每一项实际行动中去。在制订方案的过程中要注意资源的整合和充分使用，要具备现实性，确保每一个方案都符合职业生涯规划的目标需求，能够促进目标的科学有效实现。

5.反馈修正

在职业生涯规划实施的过程中难免会发生计划和实际发生冲突的情况，而且对于目标实现的质量我们也需要进行把控。计划不要做得太满，要有弹性空间，确保修改时有足够空间，反馈修正目标和实施方案十分有必要。在反馈修正的过程中，必须确保根据实际情况而不是单纯的个人主观判断，避免"小猫钓鱼"的错误。成功的职业生涯规划需要因时而变、因势而变，不断比对内外环境发生的变化对自己的规划进行反馈修正，做出调整。

（二）内容

大学是职业生涯开始的前站，是助力职业发展的加油站，在面对大学生活的新鲜之余，我们必须认真把大学生涯规划作为职业生涯规划的重要组成部分，规划好自己的大学生活，为将来的就业和职业发展做好充分的准备。

对于大学生职业生涯规划，应该从以下几个方面入手。

1.规划自己的学业

大学的学习不同于高中的学习，除了学习知识和技术以外还有更重要的学习内容，那就是学习的方法、思考的方法和做人做事的方法，因此我们的学习要从单纯的获取式学习转变为创造性学习、发散式学习、辐射式学习，变被动为主动，积极构建自己的知识体系和思想体系，逐渐成为有智慧的人、有思想的人。

（1）要确立自己的学习目标，为自己大学4年的学习理清一条明确的上升道路。要先确定长期目标，这个目标应该是大学期间的最终目标，是大学毕业的时候经过个人努力可以达到或者接近的水平。确立长期目标要充分考虑个人自身条件和环境因素，因时因地制宜。在长期目标的指导下，要从横向和纵向上确立阶段性的目标，形成学业目标网络。在制定目标网络的过程中，要注意具体可操作性，尽可能地量化，为阶段性目标的评估自查、总结分析、修订完善提供翔实、准确、可分析的依据。

（2）要根据目标制订学习计划。制订学习计划就是制订大学期间学习的基本方案，将学习目标落实到实际中去。要从可操作性的角度制订每学年、每学期、每月、每周、每日学习计划。学习计划制定的重点在于可操作性、预见性、相对弹性、超越性和可实现性，难点在于时间把控、具体执行。

（3）要利用好大学平台，充分整合学习资源。大学是一个没有外延的广阔平台，有的人只看见了它可见的内容，未看见它潜在的内容，甚至可见的内容也没有看完。在大学里，我们可以拥有更多的学习资源，例如：对课本知识的学习已经超越了过去的一门课一本书的边界，要辐射式、发散式地学习知识点，你可能会因为一个知识点牵出一个知识网；图书馆拥有海量的图书资源，还有比实体图书更丰富的电子资源；大学的大门是开放的，拥有了大学生这个身份我们还可以到别的学校去听课、听讲座、参加活动；我们拥有志同道合的学长学姐、同学，还有具备经验的海量校友。只要你敢放飞自我，就会拥有无比浩瀚的蓝天。

2. 规划大学生活

大学生活失去了父母家人的陪伴，也失去了亲人的掌控，业余时间更多更自由了，活动的空间更大了，自己拥有的独立权利也更多了。如何把控自己，度过有意义的、有价值的，能为将来的职业生涯奠定雄厚基础的大学生活是我们务必要考虑清楚的。上大学之前的 10 多年，我们为了一纸录取通知书奋斗过多少日日夜夜，放弃了多少娱乐放松的时间，我们挺过来了，大学 4 年是不是该松口气了呢？答案是否定的，我们要用这 4 年的时间来换取将来几十年的幸福生活，这个账我们不能算错了，也不能让前面的辛苦化作泡影。因此我们要好好规划自己的大学生活。

要养成良好的生活习惯，主要做好习惯的养成：良好的作息、健康饮食、锻炼身体、阳光心态、劳逸结合。

要培养健康的兴趣，寻找自我内驱力，打开以往固有的思维局限，让自己接触更多的健康的新鲜事物，培养自己多样化的兴趣视野，让自己成为兴趣广泛的高情商人才。

要扩大交友圈，结识更多志同道合的朋友。当今信息社会，结交的朋友会带给我们不一样的生活感受，让我们更多地了解周围的世界和周围的信息，通过朋友再扩大我们的朋友圈，就会让我们的生活圈层越来越丰富。当然，在结交朋友的时候要注意甄别，结交能够促进自己成长发展的真心朋友，不要结交促成恶习形成的不良之友。

要学会理财，合理消费。大学生作为行为主体比在高中时有了更多的"财权"，可以自己协调自己的日常用度，由于个体行为的差异性，有的学生控制不住自己花钱的欲望，过度消费甚至贷款消费，这是极端危险的，也会对将来的职业生涯造成不良影响。大学生有必要对自己的花费用度做好规划，避免大手大脚，同时还应利用大学的业余时间寻求"开源"渠道，自己为自己的生活买单。

3. 规划实习实践活动

大学生要为将来求职增添更多更重的砝码就必须接受实际工作的检验，在没有正式工作之前可以通过实习实践机会认知社会、掌握职业技能技巧。通过社团活动提升自己的人际交流能力、语言表达能力、逻辑思维能力、临场应变能力、组织策划能力。大学生要根据自己的兴趣积极参加社团活动，在活动中增长才干，提升能力。但在选择社团的时候切忌贪多或者频繁更换社团，这些做法都不利于个体全面科学地提升自己的社会活动水平。通过社会实践了解社会状态，掌握经济社会发展动向，了解社会需求。社会实践是非常切合大学生深入社会、锻炼自我、增长才干的平台，能够将理论和实践紧密地结合起来，让学生在实践的过程中不断增加敏锐的观察力、判断力、分析力，提升解决问题、克服困难的能力。

通过实习实训提升自己的专业技能和水平。在实习实训阶段，大学生能够接触和认识真实的工作场景，承担真实的工作责任和压力，在完全参与的情况下，了解自己今后的工作环境，体验职业要求对自己的考察、考核，这个过程是最能够增强学生对职业的认知，有的放矢地增强自己的核心竞争能力和职业适应力的，必须认真对待。

五、大学生初入职场应注意的问题

即便做好了万全的准备工作，在实际工作中，职场新人仍然会遇到各式各样的问题。初入职场，毕业生应特别注意以下几个问题。

（一）做事积极主动

一旦到了工作单位，就要处处把自己当职业人看待，努力学习实践知识，寻找、创造锻炼业务能力的机会，要做到眼勤、手勤、腿勤，多想、多问、多做。此外，要做到每天早上班，晚下班。积极主动的工作态度总是很受人欢迎的，领导和同事都喜欢工作积极、态度认真、学习刻苦的新同事。

（二）为人诚实守信

初到工作岗位，要严格遵守单位的规章制度，与人交往不失约、不失信，以便给人留下诚实守信的印象。

（三）不轻易卷入人际关系旋涡

大学生在校期间的人际关系主要是以老师和同学为基础建立起来的，相对比较简单，没有什么利益冲突。进入职场，人际关系变得复杂，人际关系网涉及领导、同事、客户等不同年龄段、不同层次、不同经历的人，而且彼此之间可能存在各种利益冲突，与学生时代的人际交往方式有极大的不同。

很多职场新人，进入职场环境中没有应对这些复杂人际关系的经验，不知道该如何处理好与领导、同事之间的关系，因为盲目相信而吃亏，不知道如何拒绝增加很多工作量，不知道该如何自如地表达自己，和领导意见不统一、不适应新的环境而小心翼翼、战战兢兢等。确实人情世故最难学，职场是一个全新的环境，人际关系复杂，不是短期内一下子就能适应的，需要时间去慢慢实践。职场新人的优势之一就是人际关系都相对简单，因此，毕业生初入职场时应时刻提醒自己，不拉帮结派，不搬弄是非，不轻易卷入人际关系旋涡。

（四）学会正确提问

正确提问是一种能力，它看似简单，但往往能在关键时刻解决关键问题。因为正确提问的前提是精益求精的态度，细致入微的观察，踏实肯干的付出，实事求是的作风等，是个人综合能力和素质的体现。职场新人要善于发现工作中存在的各种问题，及时向相关专业人员请教，不断提高自身解决问题的能力。

（五）有沉稳的处事态度

应对工作岗位上遇到的各种问题时，职场新人要摆脱学生时代幼稚的处事态度，沉稳对待，体现应有的职业素质。这种沉稳的处事态度包括能够控制自己的情绪，不轻易诉苦，说话适可而止，正视自身缺点，正确对待批评，懂得适时表现个人才能等。

（六）不损公肥私

毕业生就业伊始，就要树立正确的职业道德观，遵纪守法，遵守单位的规章制度，具体要做到：不把单位的一些东西据为己有；不利用职务之便，谋取私利；不占用办公电话谈私人事情；不收受贿赂，贪赃枉法。尤其是在政府机关、事业单位工作的人员，损公肥私、自私自利的行为会损害国家和人民的利益，最终会受到法律的惩处。

（七）不找借口

毕业生刚参加工作，工作不适应、工作中出现差错是难免的，但千万不要把不适应、刚来不熟悉当借口，而要从自身主观方面找原因。例如，业务不适应可以熟悉和掌握，人际关系不适应可以改善，生活习惯和节奏不适应必须尽快克服。只有这样，才能使自己快速进入新角色。

第六章 就业模式创新思考与大学生创新创业指导

本章主要内容为就业模式创新思考与大学生创新创业指导，首先论述了建立与完善就业指导体系、深度加强校企合作的就业创新模式，其次介绍了大学生创新创业指导方面的内容。

第一节 建立与完善就业指导体系

一、就业指导体系建设存在的问题

（一）就业指导中心建设形同虚设

目前，许多高校的就业指导中心形同虚设，就业指导人员编制不够、经费较少、重视行政事务超过职能教育，而且指导服务工作仅仅对毕业生开展，对非毕业生就业指导寥寥无几。此外，还存在指导内容不成体系、不全面，指导内容缺乏实践性，职业生涯规划、创业辅导、就业价值教育着力不多等问题，诸多问题最终使就业指导机构在高校就业过程中没有充分发挥职能。

（二）就业指导团队的建设环节薄弱

就业指导工作是包含了多种业务知识的综合学科，因此需要专业知识过硬、社会阅历丰富、专业技能高超的师资队伍作为支撑，而目前许多高校的情况与要求相差明显，多数高校的就业指导教师普遍缺乏专业化的知识基础，在资源获取、教学方式及实践能力方面都无法达到就业指导要求。

（三）就业指导服务对互联网利用不足

虽然部分高校已经建立了就业服务信息门户网站，但没有充分考虑当代大学生的使用习惯，大学生更倾向于使用微信、QQ、微博等社会化媒体工具，就业指导宣传服务中需要有效引入以上工具，而且要摒弃发布就业信息只求"广而告之"的问题，要发动话题引起学生的注意，充分结合学生的习惯及发挥网络资源的效能。

（四）师生对就业指导重要性的认识浅薄

首先，不少高校目前未将课程建设提升到系统化、规范化高度，其次，就业理念也未全部体现创新创业指导精神，最后，没有建立规范化就业服务质量检查和考核评价机制。

（五）就业指导服务落地保障不足

具体体现在人员编制过少、内部岗位职责不清、经费不充足等问题。因此，就业指导工作现主要集中于发布就业信息、开办就业指导讲座、统计数据等简单的事务性工作之上，而由于精力及动机的不足，难以触及就业服务的核心内容。

二、大学生就业指导服务体系的构建

（一）建立健全就业指导机制

学校领导、教师要充分认识到构建和完善就业辅导体系的重要性，转变传统的服务理念，将就业服务纳入引导学生发展教育的首要内容。为此，学校的领导应当认真督促实施就业服务体系建设工程，营造良好教学、就业氛围。从建制上来说，构建适应新形势发展需求的就业指导体系，大学生就业指导工作应从高校和社会两个层面构建两个体系。

1. 构建高校全过程的就业指导体系

构建高校全过程的就业指导体系，把就业指导贯穿于学生在校学习的始终。当然，就业指导要有阶段性，但应是阶段性的连续，而不是学生毕业时或"双选"时才进行，应从学生入校后就按不同年级、不同阶段的不同任务实施具有针对性的就业指导，使学生做好心理、知识和能力方面的准备，以应对社会需求，提高适应社会的能力。高校要以系统论观点为指导，把就业指导作为一个系统，构建一个完善的就业指导工作体系。其基本特征是：就业指导工作与学生的职业发展愿望相结合，与高校的培养目标相结合，与市场的需要相结合。

2. 构建社会全员性的就业服务体系

大学生就业是一项系统工程。搞好就业工作，既要求高校的指导应与市场的需求和职业的要求紧密结合，更需要全社会的积极参与。在全员性就业服务中达到增强大学生社会适应能力和就业竞争力、拓宽毕业生就业渠道、增强办学活动和人才培养的针对性等目的。其服务形式主要有：建立产学研基地，与用人单位建立长期的合作关系；邀请用人单位的人力资源主管定期来校咨询；充分利用中介机构，将教育与市场紧密结合起来，分层次、多渠道地做好毕业生就业推介工作。

（二）实现学生高质量就业

高校就业指导工作体系的最优目标是实现学生高质量就业，不仅找到工作，而且是较为适合的工作。最高目标是学生和用人单位彼此较为满意。

为此，就业指导工作应做到以下几点。

1. 关注学生的职业需要和个性特点

就业指导工作必须更关注学生的职业需要和个性特点，并对他们进行相应的就业指导与培训。通过对大学生职业兴趣、能力及个性心理特征的测量与分析，使大学生比较客观地理解和认识自己，由此帮助他们选择到自己想干而又能干的职业岗位，初步设计自己的职业生涯。当然，这并不意味着就业管理工作就不重要，而是说就业指导工作在这种模式中占据重要地位。同时，就业指导内容应更加丰富多样，不仅有提供就业信息、传授就业技能、办理毕业手续等传统的事务，还增加了就业心理咨询、职业测评、建立用人单位与毕业生信息库、扩展就业信息渠道和开拓就业市场等创新工作。通过就业指导，向大学生介绍职业分类、职业性质、活动内容和特点以及对就业者素质的要求等，使大学生能全面地了解职业、认识职业，以满足他们的需要。在这样以"指导"为主导思想的工作中，学生将获得更多的职业技能和就业素养方面的指导与教育，这不仅有利于培养他们多方面的职业能力，还提升了他们的就业竞争力。

2. 因材施教，采取不同指导方式

学校要针对不同生涯阶段的学生，根据他们各自不同的发展目标与求职需要采取不同的指导方式。如果有可能，对特别需要指导的学生，还可采用个别指导的方式。"职业生涯发展是涉及个人内心及行为的一种过程""该过程的关键在于自主权的获得，获得自己的自主权就是掌握住自己的主动权"。而职业生涯规划正是在这种主动权的支配下，"结合社会和用人单位的发展利益，并依据现实条件和机会所制定的个人化的发展方案"。就业指导过程实际上是大学生在教师的引导下自觉进行自我认识、自我教育和自我提高的过程。在就业指导的过程中，教师的任务在于启发、引导和鼓励学生认识自己的优势和不足，确定自己的职业志向和人生发展方向，锻炼自己的综合素质和能力，发挥自己的潜质并促进自我提高。他们的工作具有一定的辅助性，而真正决定自己未来发展。

（三）建设高端人才就业指导团队

建立专业化就业指导团队对优化高校大学生就业服务很有必要，就业指导不仅仅包含学生的管理和教育工作，还涉及许多其他方面专业知识，这些领域都需要专业指导教师来进行操作，因此高校有必要引入专业人才，大幅提升就业指导工作效率。

随着就业指导工作重要性的日益突出，各大学都纷纷建立了就业指导中心，并配备了就业指导人员。梳理现在高校就业指导工作的人员情况，可以将其分为3个层次：第一层是学校层面的就业领导小组，校长为组长，以学工部、团委等与学生工作有关的部门为首，负责对全校就业工作的决策与指导；第二层是学院层面的就业工作小组，主要以学院院长、副书记为组长，负责对学院就业工作的具体领导；第三层是以辅导员为主的就业发动小组，在这一层面，学生为主体，主要是选拔保研的同学、不考研但是找工作又没问题的同学帮助辅导员开展就业指导工作，这些学生能在同学中起到示范辐射作用，他们能以自身的言行影响其他的同学，这对引导学生树立良好的就业观起到了很好的带动作用。

对于专业化人才的培养，目前可以从多方面着手：一是从政治辅导员和学生工作干部中挑选一批实践经验丰富的骨干；二是从社会学、管理学、心理学等教学科研的专业教师中分离出一部分从事就业指导的研究和应用；三是向社会招聘优秀的职业指导师和人力资源管理专家；四是从人力资源管理、心理学等专业中选聘一批应届的本科或硕士毕业生，培养就业指导的后备力量。各人根据自己的优势和潜力确定主攻方向，学校依据个体的特点进行针对性培训，通过双方的努力形成一个优势互补、结构合理的整体。有条件的学校和地区，要整合资源，开展就业指导本科、硕士等各层次人才的培养，为社会输送就业指导的高级专门人才。

（四）注重互联网的应用

1.创建基于网络的全程式就业指导平台

（1）充分利用网络就业指导平台进行就业指导课的教学，让学生通过网络及时接受优质的就业指导和心理咨询服务。及时上传就业指导教师的上课录像、课件以及职业生涯辅导和就业指导方面的资料，方便学生随时随地学习。（2）通过"全国大学生就业指导卫星专网"观看著名学者教授、成功企业家、就业指导专家、跨国公司高级经理等各界知名人士剖析社会就业热点所做的讲座，分析大学生的就业困惑。（3）利用网络化就业指导系统建立专业的培训与测评机制，为大学生提供满足近期职业发展需求和阶段性职业规划设计的相关服务。如通过"大学生就业测评网"进行职业测评，测评结果可作为职业选择的依据；通过"大学生就业培训网"进行相关职前培训；通过"大学生就业招聘网"获得就业信息。（4）要注重网站的互动功能，开设"个性化就业辅导""论坛专区"等栏目，解答学生提出的问题，为毕业生提供咨询服务，促进就业指导工作的开展。

2. 打造网络化就业服务平台

（1）建立适用于毕业生、用人单位、学校共同使用的网络化互动的网络招聘平台。毕业生可凭密码进入就业管理平台，将求职意愿上传到就业信息管理平台的后台数据库。用人单位可采取同样的方式进入平台，将本单位的基本情况、招聘信息上传到就业信息管理平台的后台数据库。管理后台对毕业生及用人单位信息的真实性、可靠性进行审核，使双方的信息都真实、可靠，并予以发布。（2）建立网络视频面试系统，方便毕业生和用人单位之间沟通交流。通过视频面试系统，毕业生在获得面试资格后，可到学校就业指导中心指定机房，在指定时间登录网站，然后根据用人单位所给的房间号和密码，进入"面试厅"。用人单位可以全方位地考核毕业生的形象、气质和谈吐；毕业生也可以就感兴趣的问题向用人单位提问，面试合格的毕业生将最终到用人单位报到。网络视频面试系统可提高学生和用人单位的接触频率，提升网络和现场签约率，达到网络就业的效果。（3）利用 E-mail 与 QQ 群发布就业信息，实现快捷的就业服务。将就业指导中心的 E-mail 和 QQ 公布给毕业生，及时处理毕业生所发来的电子邮件、QQ 信息，及时为毕业生提供信息并开展咨询，同时还可利用 E-mail 与 QQ，将就业信息群发至各院系学生部门和毕业生的电子邮箱和 QQ 群中，使毕业生能及时准确地了解到用人单位的招聘信息。（4）建立毕业生信息数据库以及毕业生就业状况统计监测预警系统，对毕业生的择业情况进行动态管理，将已签订就业协议书、落实工作单位的毕业生的资料从就业信息平台后台数据库中及时转移，使用人单位从就业信息平台上只能浏览到未落实工作单位的毕业生的信息资料。

第二节　深度加强校企合作模式

一、校企合作的内涵

校企合作指的是以学校、企业为主要参与主体的合作模式。一般认为校企合作属于合作教育的一种类型，它能够将课堂教学与企业实训进行结合，学生能够在企业中获取一定的报酬和工作经验，从而帮助学生更好地了解社会发展状况以及明确自身的工作能力，为后续的就业奠定良好的基础。与此同时，我们应当明确校企合作主要有三个层次，并且不同层次的校企合作，其合作内容也有所不同。其中，宏观的校企合作指的是中央政府、教育部与某一行业之间的合作，所涉及的合作内容较为广泛，是最高层次的校企合作；中观的校企合作指的是地方政府，教育厅与地方行业之间的合作，所涉及的合作内容具有地方特色，是高层次的校企合作；微观的校企合作指的是学校与企业之间的合作，所涉及的合作内容有限，是一般层次的校企合作。我们大多数情况下所说的校企合作一般指的是学校与企业之间的合作。在校企合作中，高校和企业是主要的参与主体，二者在校企合作办学中各自发挥着不同的作用。虽然从表面上看高校和企业是两个互不相干的组织，但是随着社会的不断发展，二者之间的联系越来越密切，学校和企业都能够在校企合作中发挥自身的优势，从而进一步促进社会经济的发展。校企合作具有一定的现实基础，从企业的角度来看，人才是促进企业发展的重要因素，因此企业对人才的需求量会不断增大；从学校的角度来看，提高学生实践能力能够更好地提高学生的综合素质和专业能力，因此学校对实习场所较为重视。由此可以看出，校企合作加强了学校与企业之间的联系，进一步促进了学校与企业共同发展。

二、校企合作的本质

从社会发展的角度来看，校企合作办学是一种以满足社会需求为主要方向的运行机制。在开展校企合作办学的过程中，高校不再单独进行教学计划的研究工作，而是与当地企业共同研究教育内容，使得原有的封闭式教学模式逐渐向开放式教学模式转变、原有的侧重理论学习的教学模式逐渐向侧重具体实践的教学模式转变。开展校企合作办学对于高校和企业都具有重要的意义，不仅可以充分利用高校和企业的资源优势来满足学生的学习需求，还可以明确企业的人才需求，并制定相应的人才培养目标，从而为人才培养提供明确方向，与此同时，还能够更好地保障学校的就业率以及企业的人才供给。

校企合作办学对于培养应用型人才具有重要的意义。校企合作指的是高校与企业以合作的方式来开展人才培养工作，其中企业对于人才的需求是推动校企合作办学的重要推动力量，不仅有助于明确高校的人才培养目标，还有助于提高高校办学效率，从而更好地培养具有较高专业素养的应用型人才。换言之，高校与企业合作办学的主要目的是为了提高高校的办学效率和保障企业的人才供给，更好地推动教学工作内容与市场发展同步，从而培养具有高专业素质和较强工作能力的应用型人才。另外，开展校企合作办学有助于加强高校与企业之间的联系，充分发挥双方的资源优势，从而进一步提高学生的综合素质和整体能力。

三、关于校企合作的学说

从目前来看，我国对于校企合作的研究与分析工作已经取得了一定的成果，其中，关于校企合作的观点主要有三种，分别是"模式说""机制说""中间组织说"。

1. 模式说

主张"模式说"的学者认为校企合作是一种新的人才培养模式，即充分利用高校的教学资源和企业的社会资源，通过课程教学与企业实训的方式来培养人才的模式。校企合作是学校和企业在多个方面合作，其中包括师资培养方面的合作、学生就业方面的合作、教学活动方面的合作等，这样不仅有助于明确高等职业教育的教育目标和人才培养目标，还有助于为企业提供理想的实用型人才，充分发挥高校和企业在各自领域的优势。对于高校而言，校企合作能够为学校提供实训基地，为学生提供实习岗位，还能解决学校教学资源不足的问题；对于企业而言，校企合作能够为企业提供高素质的专业型人才，节约了培训时间，保证了企业职员的工作效率。

2. 机制说

主张"机制说"的学者认为校企合作是一种以市场需求为方向的运行机制，其目的在于培养学生的专业素质、专业技能和实践能力。在开展校企合作的过程中，高校为学生提供大量的专业知识和专业技能学习资源，企业为学生提供实习岗位，从而形成一种相互作用的运行机制，不仅有助于提高高校学生的就业率，还有助于保障企业的人才供给，从而进一步促进社会经济发展。从整体上来看，高校和企业的合作主要包括四个方面的内容：其一，师资培养和科研合作；其二，资源共享与技术层面的合作；其三，培育与实习方面的合作；其四，专业设置与课程开发层面的合作。

3. 中间组织说

主张"中间组织说"的学者认为校企合作实质上是中间组织，校企合作的目的在于为企业或组织提供优秀的实用型人才，高校与企业或组织进行合作办学，使得学生的专业知识有用武之地，从而提高学生的专业素质和实际工作能力。校企合作有助于加强高校和企业或组织的沟通交流，使得企业或组织能够优先选择高校的毕业生，从而提高企业或组织整体的实力，并促进社会稳定发展。除此之外，国内一些学者还从校企合作形式和深度方面对校企合作的概念进行阐述。从校企合作形式和合作的深度来看，校企合作共有三种层次的合作，分别是浅层次合作、中层次合作、高层次合作。其中，浅层次的校企合作具体表现为高校的专业方向以企业需求为主要方向，高校为学生提供实习指导服务，企业则为学生提供实习岗位；中层次的校企合作具体表现为企业以高校为企业人员培训场所，高校联合企业共同开展培训工作；高层次的校企合作具体表现为学校与企业展开深入合作，高校以企业的发展方向来设置教育内容和专业体系，企业则将高校的研究成果物化。

还有一些学者认为可以从校企合作的过程，原则等方面对校企合作的概念进行阐述。校企合作建立在平等互利原则的基础之上，因此不仅要充分发挥高校的教育资源优势，还要充分发挥企业的社会资源优势，使学生在接受课堂教学的同时，也能够在企业实训基地中锻炼自身所学的技能，而企业可以通过实训的方式来培养学生的综合能力，从而更好地适应自身发展的需要。校企合作办学是高校和企业共同开展人才培养工作的过程，并且高校和企业的共同目的是提高学生的综合能力和促进学生的全面发展，引导学生朝应用型人才方向发展。

从上述国内学者的论述可以看出，校企合作具体表现为一种人才培养模式，但与其他人才培养模式的不同之处在于，校企合作办学能够发挥高校的教育资源优势和企业的社会资源优势，从而更好地开展师资培养，学生就业，教学研究等工作。校企合作办学实现了课堂教学与现场实践的有机结合，这样能够更好地为企业或组织培养应用型人才。与此同时，校企合作办学加强了高校与企业之间的互动。使得学校的教学效率得到显著的提升，并保障了企业的人才供给，从而实现了高校与企业的双赢。

四、加强校企合作方法

高校的就业指导机构，不仅承担发布用人单位就业信息责任，还应充分利用资源，为学生提升就业成功率。例如，建立校友网络平台，与名企加强沟通，建立长期合作关系，一方面便于为学生寻找社会实践机会，另一方面促进学生与企业的良性互动，以便于学生更加了解企业对不同岗位的能力需求，增加就业成功率。

（一）丰富校企合作内容

作为学校，要充分利用校友资源，积极与企业取得联系，努力为学生提供实习机会，让学生能够顺利实现学生到社会人的过渡，并在实际生活中实现自己的价值。

教育的最终目的是促进人的全面发展，大学生通过在校对专业知识的学习，能够对专业领域的内容具有基本的了解。以校企合作的形式进行就业指导，首先要了解企业的需求。校企合作主要形式以学生到企业实习为主，通过在校期间的知识学习积累到一定程度后，学校会通过多种方式和多渠道安排学生进行实习，安排的单位大都是学校的附属企业或机关单位，这样单一的合作形式，对大学生的创新创业造成了一定程度的阻碍。因此要在学生实习的基础上不断丰富校企合作的内容，例如，企业与学校共同进行项目研究，让学生参与其中；企业开发新工程，将一部分内容交给学校，让学生作为实践进行操作；高校研究的成果，由企业验证，具体过程由高校教师、企业员工和学生合力完成等。通过多种方式的校企合作，不仅能让企业和高校从中受益，更能让大学生参与到实践的具体环节，这对于大学生创新精神和创业能力的培养都是十分有益的。

（二）搭建校企合作平台

搭建校企合作的共享平台，有利于进一步深化创新创业教育改革，有利于培养新型人才，有利于科研成果转化为实践应用。构建共享平台，能够充分利用现有的教育资源和环境，为社会和企业输出更多的高素质人才，确保人才善于创新，具有创业能力。

就业指导教育回到实践中就离不开企业的支持，学生通过在企业实习能够将在校所学知识运用到实践中去将所学的知识系统化、条理化，而且还能获得课本上没有的实际知识，不断丰富自己的社会阅历。

将创新创业的项目与企业联合进行，不仅能够让大学生接触到更多的人，提高自身的沟通能力和应变能力，还能够让大学生的创新创业项目"落地生根"，获得更多的技术指导和资金支持。大学生还能够通过带薪实习的方式，为以后的职业生活培养更好的职业道德，树立好正确的职业道德观。

（三）制定校企合作激励制度

在创新创业政策的驱动下，掀起了创新创业全民浪潮。大学生最容易接受新鲜事物，随着双创意识的逐渐增强，应该努力增加大学生对创新创业知识的理解。众所周知，大学生具有很大的潜力，校企合作制定适合的激励制度以鼓励那些在创新创业活动中具有良好表现的团队或者个人。这样会起到带动作用，激发大学生对创新创业的热情。因此要鼓励和引导大学生，可以通过物质与精神奖励相结合的形式，大学生在校期间物质财富来源单一，大都靠家庭提供的生活费，物质比较匮乏，给予物质奖励边际效应比较显著，对大学生的吸引力也较大。与此同时，大学生对精神生活的追求也十分看重，精神世界的满足能够促使其自信的增加。所以将物质奖励与精神奖励结合起来，对于大学生创新创业能起到事半功倍的效果。

第三节　大学生创新创业指导

一、创新概述

（一）创新的内涵

"创新"来自拉丁语的语境，具有更新、创新的物质、改变这三层意思。"创新"刚开始是运用在经济学中的术语，是由美籍奥地利经济学家熊彼特在其《经济发展概论》一书中首次提出的一个概念。

创新是指突破现存的思维模式，按照异于常人的方式处理问题的一种能力，在这个过程中会结合相关的所学知识、经验，应对特殊环境中的所有问题。其出发点是要为社会需求做贡献或者追求自身理想，对现存的事物进行创新和改造。创新包括事物本质、方法论、影响因子、大体环境等，并且最终使事物的效果比预期的要好。人类是独具创新特质的物种。由于这种特殊的认知和实践能力的体现，因此人类表现出高级的主观能动性，成为帮助社会发展和实现民主的重要动力。民族的进步和时代的发展，都需要创新思维的支持，创新更是无止境。纵观各行各业，社会学、经济学、建筑学等，都离不开创新。

创新是指以现有的思维模式提出有别于常规或常人思路的见解为导向，利用现有的知识和物质，在特定的环境中，本着理想化需要或为满足社会需求，而改进或创造新的事物、方法、元素、路径、环境，并能获得一定有益效果的行为。创新是以新思维、新发明和新描述为特征的一种概念化过程。所谓新，就是想到别人没想到过的，说出别人没有说过的，做好别人没有做好过的。从这个角度看，创新并不稀奇，时时都存在于我们身边，无处不有，比如原创工艺和产品是创新，理论和学习方法也是创新，实际应用、产品和新的方法、手段更是创新，著名教育学家陶行知先生就提出过："人人是创新之人，天天是创造之时，处处是创造之地。"而反过来，没有创新的企业是缺乏竞争力的，没有创新能力直接会影响企业价值品牌的提升。

（二）创新理论

1. 创新扩散模型理论

（1）创新扩散模型基础理论

"创新扩散理论"是美国学者埃弗雷特·罗杰斯（E.M.Rogers）提出的，是对创新的各类人群进行研究归类的一种模型。它的理论指导思想是：在创新面前，部分人会比另一部分人思想更开放，更愿意采纳创新。这个模型也被称为创新扩散理论（Diffusion of Innovations Theory），或创新采用曲线（Innovation Adoption Curve），多步创新流动理论（Multi-step Flow Theory）。

埃弗雷特·罗杰斯认为创新是"一种被个人或其他采纳单位视为新颖的观念、时间或事物"，而且一项创新应具备相对的兼容性、便利性、可靠性、复杂性和可感知性五个要素。美国学者罗杰·菲德勒则认为创新还应当包括"熟悉"这一要素。一般认为，创新扩散包括五个阶段，即了解阶段、兴趣阶段、评估阶段、试验阶段和采纳阶段。

第一，了解阶段：接触新技术、新事物，但知之甚少。

第二，兴趣阶段：发生兴趣，并寻求更多的信息。

第三，评估阶段：联系自身需求，考虑是否采纳。

第四，试验阶段：观察是否适合自己的情况。

第五，采纳阶段：决定在大范围内实施。

创新扩散被定义为以一定的方式随时间在社会系统的各种成员间进行传播的过程，扩散过程由创新、传播渠道、时间和社会系统四个要素组成。由此可见，传播渠道是其中一个重要的环节。创新扩散的传播过程可以用一条"S"形曲线来描述。"S"形曲线理论在广告推广、市场营销、产品代谢以及媒介生命周期的研究方面都得到了承认，有着广阔的应用前景。

罗杰斯指出，创新事物在一个社会系统中要继续扩散下去，首先必须有一定数量的人采纳这种创新事物，通常，这个数量是人口的 10%~20%。在扩散的早期，采用者很少，进展速度也很慢；创新扩散比例一旦达到临界数量，即当采用者人数扩大到居民的 10%~25% 时，进展突然加快，曲线迅速上升并保持这一趋势，进入快速扩散阶段，即所谓的"起飞期"；在接近饱和点时，进展又会减缓。整个过程类似于一条"S"形曲线。饱和点的概念是指创新在社会系统中一般不能 100% 扩散，事实上，很多创新在社会系统中最终只能扩散到某个百分比，当系统中的创新采纳者不再增加时，系统中的创新采纳者数量（绝对数量表示）或创新采纳者比例（相对数量表示）就是该创新扩散的饱和点。

创新推广的最佳途径是将信息技术和人际传播结合起来加以应用。罗杰斯认为，在创新向社会推广和扩散的过程中，信息技术能够有效地提供相关的知识和信息，创新扩散总是借助一定的社会网络进行，但人际交流在说服人们接受和使用创新方面则显得更为直接、有效。

罗杰斯创新采用曲线创新扩散研究的五个焦点是：人们在考虑一个新主意、一件新产品或一个新项目时所采取的决策过程；对创新成果采用与否有重要影响的创新活动自身的特征；采用创新过程中的沟通渠道；个人或社会采用创新的后果和影响；采用创新人群的一些个人特征。

（2）创新采用曲线的类别

创新者：他们自觉推动创新，是勇敢的先行者。创新者在创新交流过程中发挥着非常重要的作用。

早期采用者：他们是公众意见领袖，是受人尊敬的社会人士。他们乐意尝试新鲜事物、引领时尚，但行为谨慎。

早期采用人群：他们是有思想的一群人，也比较谨慎，但他们较之普通人群更愿意接受变革。

后期采用人群：他们对创新持怀疑态度，只有社会大众普遍接受了新鲜事物，他们才会采用。

迟缓者：他们是保守传统的一群人，对新鲜事物吹毛求疵，习惯于因循守旧，只有当新的发展成为主流、成为传统时，他们才会被动接受。

（3）创新采用曲线的运用

罗杰斯的创新采用曲线说明，试图快速印证和广泛采用全新的、争议中的创新主意是不现实的。促进创新采用的最好方法是，首先说服创新者与早期采用者。在沟通过程中，还可以结合创新类别与采用百分比，更为准确地估计目标群体。

2. 熊彼特创新理论

（1）理论内容

熊彼特在《经济发展概论》一书中提出"创新理论"，此后又相继在《经济周期》和《资本主义、社会主义和民主主义》两书中加以运用和发挥，逐渐形成了以"创新理论"为基础的独特的理论体系。"创新理论"最大的特色就是强调生产方法的变革和生产技术的革新在经济发展过程中至高无上的作用。他第一次以"创新理论"解释资本主义的本质特征，解释资本主义发生、发展和趋于灭亡的过程，从而闻名于经济学界，影响颇大。

熊彼特认为，创新是周期性的，每个长周期包括六个中周期，每个中周期包括三个短周期。长周期为48~60年，中周期为9~10年，短周期为40个月。他根据创新浪潮的起伏，以重大的创新为标志划分，把资本主义经济的发展分为三个长周期。

第一个周期：1787—1842年是产业革命发生和发展时期。

第二个周期：1843—1897年为蒸汽和钢铁时代。

第三个周期：1898年以后为电气、化学和汽车工业时代。

周期性的经济波动正是起因于创新过程的非连续性和非均衡性，不同的创新对经济发展产生不同的影响，由此形成时间各异的经济周期；资本主义只是经济变动的一种形式或方法，它不可能是静止的，也不可能永远存在下去。20世纪70年代以来，门施、弗里曼、克拉克等用现代统计方法验证了熊彼特的观点，并进一步发展这一理论，被统一称为"新熊主义"或"泛熊彼特主义"。进入21世纪，在信息技术的推动下，知识社会的形成及其对创新的影响进一步被认同，创新被认为是各创新主体、创新要素交互复杂作用下的一种复杂涌现现象，是创新生态下技术进步与应用创新的双螺旋结构共同演进的产物。关注用户参与的、价值实现的和以人为本的创新模式，成为新世纪对创新重新认识的探索与实践。

熊彼特认为，创新就是要"建立一种新的生产函数"，即"生产要素的重新组合"，就是要把一种从来没有的关于生产要素和生产条件的"新组合"引进生产体系中去，以实现对生产要素或生产条件的"新组合"。资本主义就是这种"经济变动的一种形式或方法"，即所谓"不断地从内部革新经济结构"进行的"一种创造性的破坏过程"。作为资本主义"灵魂"的"企业家"，其职能就是实现"创新"，引进"新组合"。所谓"经济发展"就是指整个资本主义社会不断地实现这种"新组合"，这种"新组合"的目的是获得潜在的利润，即最大限度地获取超额利润，或者说资本主义的经济发展就是这种不断创新的结果。

（2）熊彼特进一步明确指出创新的五种情况

第一，采用一种新的产品，也就是消费者还不熟悉的产品或一种产品的新特性。

第二，采用一种新的生产方法，也就是在有关的制造部门中尚未通过经验检定的方法，这种新的方法不需要建立在科学发现的基础之上，并且可以存在于商业上处理一种产品的新方式之中。

第三，开辟一个新的市场，也就是国家的某一制造部门以前不曾进入的市场，而不管这个市场以前是否存在过。

第四，掠取或控制原材料或半成品的一种新的供应来源，不论这种来源是已经存在，还是第一次创造出来的。

第五，实现一种新的组织，比如造成一种垄断地位（如通过"托拉斯化"），或打破一种垄断地位。

后来人们将他的观点归纳为五个创新，依次对应产品创新、技术创新、市场创新、资源配置创新、组织创新，而这里的"组织创新"仅仅是初期的狭义的制度创新，也可以看成部分的制度创新。

（3）熊彼特创新理论的基本观点

第一，创新是生产过程中内生的。他说："我们所指的'发展'只是经济生活中并非从外部强加于它的，而是从内部自行发生的变化。"投入的资本和劳动力数量的变化导致的经济生活的变化并不是唯一的经济变化，还有另一种经济变化，就是"创新"。它是从体系内部发生的，不能用外部数据的影响来说明。这种变化是很多重要经济现象产生的原因，所以为它建立一种理论似乎是值得的。

第二，创新是一种"革命性"变化。熊彼特曾做过这样一个形象的比喻："不管把多大数量的驿路马车或邮车连续相加，也绝不能得到一条铁路。""而恰恰就是这种'革命性'变化的发生，才是我们要涉及的问题，也就是在一种非常狭窄且正式意义上的经济发展的问题。"这就需要对经济发展进行动态性分析研究，充分强调创新的突发性和间断性的特点。

第三，创新同时意味着毁灭。一般说来，"新组合并不一定要由控制创新过程所代替的生产或商业过程的同一批人去执行"。所以，在竞争性的经济生活中，虽然消灭的方式不同，但新组合就意味着对旧组织通过竞争而加以消灭。

第四，创新必须能够创造出新的价值。熊彼特认为，发明是新工具或新方法的发现，而创新是新工具或新方法的应用，发明先于创新产生。"只要发明还没有得到实际上的应用，那么在经济上就是不起作用的。"因为新工具或新方法最重要的含义就是能够创造出新的价值，它们的使用在经济发展中能起到作用。把发明与创新割裂开来，有其理论自身的缺陷；但强调创新是新工具或新方法的应用，必须产生出新的经济价值，这对于创新理论的研究又具有重要的意义。

第五，创新是经济发展的本质规定。熊彼特认为，可以把经济区分为"增长"与"发展"两种情况，他力图引入创新概念以便从机制上解释经济发展。人口和资本的增长所导致的经济增长并不能称作发展。"因为它本质上不能产生新的现象，而只是同一种适应过程，像在自然数据中的变化一样。""我们所意指的发展是一种特殊的现象，同我们在循环流转中或走向均衡的趋势中观察到的完全不同。它是流转渠道中的自发的和间断的变化，是对均衡的干扰，它永远在改变和代替以前存在的均衡状态。我们的发展理论只不过是对这种现象和伴随它的过程的论述。"所以，我们所说的发展，可以定义为执行新的组合。这就是说，创新是发展的本质规定，发展是经济循环流转过程的中断。

第六，创新的主体是企业家。熊彼特认为，企业家的核心职能不是经营或管理，而是能否执行"新组合"。他把"新组合"的实现称为"企业"，那么以实现这种"新组合"为职业的人便是"企业家"。每个企业家只有当其实际上实现了某种"新组合"时才是一个名副其实的企业家，这个核心职能又把真正的企业家活动与其他活动区别开来。这就使得"充当一个企业家并不是一种职业，一般说也不是一种持久的状况，所以企业家并不形成一个从专门意义上讲的社会阶级"。熊彼特这种独特的界定目的在于说明创新活动的特殊价值，突出创新的特殊性。学术界在熊彼特创新理论的基础上开展了进一步的研究，使创新的经济学研究日益精致和专门化，仅创新模型就先后出现了许多种，其代表性的模型有需求拉动模型、技术推动模型、整合模型、相互作用模型、系统整合网络模型等。通过构建机制创新、技术创新、创新双螺旋等理论体系，关于创新理论的经济学理解便形成了。

（三）创新思维的本质和特征

1. 创新思维的本质

创新源于创意，也就是创造的意识。有创造意识的人们会"启动"创新思维，我们不妨称这种创新思维为"创造性思维"。

英国生理学家高尔顿在 1869 年发表了《遗传的天才》，可以说这是最早关于创新思维研究的著作。学术界普遍认为，美国心理学家约瑟夫·沃拉斯在 1945 年发表的《思考的艺术》，是创新思维研究的标志。沃拉斯认为，创新思维的过程包含了准备、孕育、顿悟和验证等四个阶段。与此同时，德国心理学家马克斯·韦特海默（Max Wertheimer）发表了《创造性思维》一书，他认为，创新思维过程既不是形式逻辑的逐步操作，也不是联想主义的盲目连接，而是格式（Gestalt）学派提出的格式塔结构的顿悟。

不论前人用多么高深的理论来描述"创新思维"，我们都知晓，创新思维是指以新颖独创的方法解决问题的思维过程，这种思维突破了常规思维的界限，以超常规的方法、视角去思考问题，并提出与众不同的解决方案，从而产生新颖独到的思维成果。

2. 创新思维的特征

作为一种思维活动，创新思维既有一般思维的共同特点，又有区别于一般思维的独特之处，其特征主要体现在以下几个方面。

（1）强烈的目的性

创新思维有别于"灵感思维"的突发性和模糊性，具有强烈的目的性，这个目标贯穿于创新思维活动的整个过程，集成于其达成目标的成果。

（2）新颖的开创性

创新思维是与众不同的，具有对常规思维（抽象思维、形象思维和灵感思维）的某些突破的开创性。这种开创性可能体现在独特的思维视角、新颖的思维过程或开创性的思维目标。创新思维基于常规思维而高于常规思维。

（3）开放的自由性

创新思维活动是一种开放的、灵活多变的思维活动，它的发生伴随有想象、直觉、灵感之类的非逻辑、非规范思维活动。"灵感""直觉"往往因人而异、因时而异、因问题和对象而异，所以创新思维活动具有极大的特殊性、随机性和技巧性，不能完全用逻辑来推理。

创新思维活动的上述特点同个人独特的活动有相似之处，即创新思维的精髓和内在的东西只属于个人，创新思维活动的结果不可能是雷同的。创新思维不是毫无依据、天马行空的胡思乱想，但它突破了传统观念、既有认知、权威论断或某些"客观条件"的制约，而是在尊重自然规律的基础上大胆拓展思考活动的空间，从而发现新的自然规律，或应用已知自然规律创造出造福人类的新成果。

（4）不懈的探求性

创新思维伴有强烈的好奇心和不懈的探索努力。正是因为对事物现象的高度敏感和兴趣，以及对解决矛盾的执着探究，促使人们产生创新思维。

（四）创新思维方法

"创新思维方法"在这里是指：有助于产生创新成果的思维视角、路径及其辅助工具。在这种思维过程中，传统思维方法（抽象思维、形象思维、灵感思维）依然贯穿始终。创新思维要在思考问题的角度、常规路径等方面有所突破，就要先找到制约和阻碍思维突破的因素。

1.创新思维的制约因素

（1）传统制约因素。总的来说，制约对传统思维进行创新的因素，主要在于个人长期形成的思维"定式"或"惯性"。由于解决同一类的一般问题采用之前的思维方法均有效，因而在遇到似是而非的特殊问题时，仍会采用之前的思维方法，从而无所适从或造成误解。这种思维经验为解决同类问题提供了捷径，但也可能产生误导。

例如，蒸汽机的创造者瓦特有个助手叫威廉·默多克，他用5年的时间研究出了蒸汽机车的模型，这也是人类历史上的第一具火车雏形。由于试车过快，人们谈"车"色变。瓦特不满地责备道："你再搞这种注定失败的研究就会影响你在矿区的工作，有损蒸汽机的声誉，我禁止你研究，也不允许你申请机车模型专利，否则开除你！"默多克屈服了。瓦特实现了热能转换为动能的创新，却在该创新成果的应用方面扼杀了创造性思维。在此，瓦特的权威压制和默多克的认可屈服都是传统思维的惯性作用使然。职课（北京）国际教育科技有限公司职课网总经理丛子斌，在他主编的《创新创业教育》中将这种思维定义为"权威型定式思维"。

20世纪中叶，英国科学家威廉·贝弗里奇在其《科学研究的艺术》中诠释了惯性思维："我们的思想多次采取特定的一种思路，下一次采取同样的思路的可能性就越大。在一连串的思想中，一个个观念形成了联系。这种联系每利用一次，就变得越加牢固，直到最后，这种联系紧紧地建立起来，以至他们的联系很难被破坏。这样，就像形成条件反射一样，思考受到了条件的限制。我们很可能具备足够的资料来解决问题，然而，一旦采用了一种不利的思路，问题考虑得越多，采取有利思路的可能性就越小。"

"偏见"是一种特殊而常见的惯性思维。

（2）认知惯性制约。认知惯性，也被学者称作"定式思维、惯性思维"等，是指思维被固定或约束在一个旧的框架中，不能自由发挥，思维惯性是由先前的活动造成的一种对活动的特殊心理准备状态，或活动的倾向性。在环境不变的情况下，认知惯性让人能够使用已掌握的方法迅速解决问题。而在环境发生变化时，它会制约人们采用新方法。消极的认知惯性是束缚创造性思维的枷锁。

我们的认知，主要包括经验和知识。经验多来源于实践体悟，知识多来源于理论学习。认知能促进思维发展，但认知的惯性却制约了思维发展。

人类的本能感知对世界充满了好奇的探索。婴儿第一次看见点燃的蜡烛，一般都会伸手去抓跳动的烛火，被烫以后便获得"这东西碰不得，会痛！"的经验（多次类似的经验就会形成条件反射）。而对于火的其他应用（比如照明、加热、焚毁等）则多数是通过观察和学习而取得。这样，人们成长过程中所处的家庭环境、社会环境、个体学习能力等，便造就了因人而异的"经验"，由经验而构成了条件反射的思维惯性。这种思维惯性，为解决常见的一般问题和处理常规事物提供了迅速、准确的能力，但同时也为解决和处理似是而非的特殊事物设下了陷阱，从而制约了创新思维的发展。

知识结构亦是如此。当代人的知识积累，主要来自系统的教育和培训（小学、中学、大学……）。我们在学习的过程中，对于自身理解的、记住的、会应用的知识，我们说学过了不等于学会了，学会了也不等于应用自如、得心应手。但在学习的过程中，我们同时也在不知不觉中形成了自己的思维方式。比如，文科比较强的同学可能倾向于形象（直觉）思维，而理工科较强的同学则更倾向于抽象（逻辑）思维。对于同一美好事物，人们依据自身的知识结构会有不同的思维方式和表达方法。文人用文字描述美女：窈窕淑女、沉鱼落雁、闭月羞花……"理工男"则可能更多用数据描述，描述其面容和身材的黄金比例，以及肤色的纯净度。这就是知识结构不同导致的思维方式的不同。我们用自身的知识结构和经验构成来思考事物，在得益于这些认知的同时，也受制于这些认知。认知惯性主要有以下几种表现形式。

第一，习惯定式。每个人都有自己的习惯，都会形成不同程度的习惯定式。习惯习惯，积"习"成"惯"。"习"，是反复操作或运用的意思；"惯"，就是积久成性、顺势发展的意思。习惯，即由于重复或练习而巩固下来，并成为一种需要的行为方式。经常按这种行为方式进行思考，就会逐渐形成牢固的思维定式，深入到潜意识中，并反过来支配自己的行为，成为约束创新思维的条件反射。

第二，书本定式。书本定式思维，就是在思考问题时不顾实际情况，盲目、教条地应用书本知识的思维模式。发生这种现象，多数是因为对书本知识一知半解、牵强附会。丰富的知识是创新思维的基础，它需要在记忆力、联想力和大脑反应力等多种因素的共同作用下产生创造力。

第三，权威定式。在思维领域，许多人习惯于引证权威的观点，不假思索地以权威论是非，但凡与权威观点相左，皆认为错误，这就是权威定式。

2. 创新思维的方法

对传统思维进行创新的方法，从本质上说，就是设法突破思维惯性的制约，以全新的视角、创造性的思路和全方位的有效联系来思考问题。创新无定法，定法不创新。这并不是说创新思维无迹可寻。创新思维也有一定的规律和具体特性。

（1）创新意识。强烈的创新意识是创新思维的驱动器，不存在无意识的创新思维。

（2）科学理念。创新思维者必须具备科学的思想观念和坚定的探究意志，这是创新思维的前置条件。任何宗教迷信思想和浅尝辄止意志都将是创新思维的枷锁。

（3）穷根究底。要有对事物足够的好奇心、持久的兴趣和不懈的探究努力。没有打破砂锅问到底的底气，就不会有创新思维及其成果的诞生。

（4）广博知识。一专多能，具备广博的知识面，这是创新思维取得成果的基础。

（5）普遍联系。要敢于展开广泛的联想：正、反、中、侧、上、下几个视角是否都有考虑到？事物相关和不相关的、相似和相反的领域是否涉及？最不可能的思路有没有产生最佳效能的可能……

（6）抛弃经验。找到自己或众人既往的思维惯性和经验，另辟蹊径或反其道而思考。

（7）严密验证。创新思维以自身的结论经受传统思维的逻辑验证，以确认其创新成果的效能。

（五）创新的中坚力量——大学生

随着时代前进步伐的加快，新思想、新理念层出不穷，科学技术日新月异，社会发展已经进入知识经济时代，创新已逐渐成为现代社会的本质特征。因此，确立建设创新型、知识型国家的战略思维，才能保证国家走在世界的前列，当代大学生自然是国家全面建设的主力军，培养和提高自身的创新能力，既是建设创新型、知识型国家的必然要求，也是自身成长成才的必然诉求，符合国家、社会对大学生的整体目标期望。

为此，作为对社会发展、国家富强、民族复兴负有不可推卸责任的大学生，应该把培养创新能力作为在校期间学习的重点，着力在个人价值的体现、社会角色的期待、时代环境的要求等方面来思考创新性问题的个人定位等问题，以便在伟大的中国梦建设中实现个人的理想抱负。大学校园要成为大学生创新能力培养的沃土，成为创新型、知识型国家建设的播种机。

1. 个人价值的体现

从经济学层面上来看，价值是指物的有效性，即事物能够满足主体某种需要的属性。作为社会属性的人特别是当代大学生，个人价值的体现最突出方面当属创新能力。离开创新能力，即使你拥有再高的学历，也不能称之为高素质的人。因为没有创新能力的人，就没有竞争力，不能适应社会激烈竞争，也就不可能有较大的作为，个人价值也很难实现。就学校而言，不能培养出具有创新能力的大学生，则是陈腐失败的教育。因此，培养创新人才，开展创新教育，把创新教育渗入各个具体学科，已经成为大学教育的内在要求。作为学校中的大学生要对个人的生理发展、人格发展以及社会性发展等方面进行深入学习了解，做到清楚明了，心中有数。这些发展的内容，主要包含两个层面：

一个层面是指人的生长和成熟。受生理规律周期支配，作为人的创新能力的形成，也需要以一定的生物学条件为基础，这个基础就是人的大脑。这是人创新能力形成的物质基础，也是人创新能力发展的物质载体，没有这个物质基础，人创新能力的形成发展就会成为无源之水、无本之木。

另一个层面是指首创性发展的培养。首创性是创新能力外化的一个具体表现，能否成为有社会价值的创造性劳动产品，是检验、评价创新能力高低的一个基础性依据。对创新能力价值性认识，主要看创新成果能否满足社会需要，能否推动社会发展进步。

就当前我国大学生整体现状而言，动手和实践能力相对比较薄弱。因此，在学校教育中，要加大以基本技能为主要内容的科学能力和科学方法的训练，着力培养学习创新技能。作为受教育的个人而言，要充分认识非智力因素培养和开发创新能力的关系，即创新过程不仅是纯粹的智力活动，非智力方面的因素也非常重要，如动机、情感、兴趣、爱好、意志、性格等都是创新活动的发动机，是创新活动的力量源泉之一。人的本能中就有创造的需要和欲望，这是推动个体创造的内在力量，是产生创新意识的基础性条件。只有在强烈的创新意识引导下，人们才有可能产生强烈的创新动机，确立创新目标，发挥聪明才智和创新潜力，释放创新激情。创新是产生于激情驱动下的自觉思维，创新意识是由于热爱、追求、奋斗和奉献所形成的精神追求，是人们进行创新活动的原动力。同时，个人还要充分认识到外在客观环境的影响，个人不可随心所欲地创新，也不是在自己选定的条件下进行创新，而是在已存在的客观现实环境条件下进行创新。因此，环境条件必然会对个人的创造活动产生影响，这种影响既有积极的，也有消极的。环境的好坏，显著地影响着个人的创新速度和水平。

当个人具备了创新素质，社会又提供了创新环境时，寻求创新和创业的结合就成了一个关键问题，要搞好创新性创业，实现个人价值，应重点把握好以下四个特点：第一，客观性。在任何时候的创新性创业，都要符合现实环境、条件的要求，即不能脱离实际。第二，隐蔽性。创新性创业机会的存在是客观的，但它又是无形的，人们不能凭感觉直接看到它，只能凭感觉意识到它。它隐藏在具体事物的后面，需要人们去探索、去发现。第三，迅逝性。随着时间的变化，一切客观事物都在迅速变化。创新的最佳时机，给予一个人的时间非常有限，稍纵即逝。俗话说"机不可失，时不再来"讲的就是这个道理。所以要时刻准备抓住时机，时机一过就是别人的创新成就了。第四，偶然性。创新性创业也要看机会，社会发展的时机到了，创新性创业的机会也就来了，把握好机会也就等于成功了一半，但对于机会的发现、机会的捕捉都有很大偶然性。一个意识、一件小事、一个灵感，也许就使你发现了机会、捕捉到了机会。我们说的意外指的就是这种没有想到的偶然性。我们把握好创新性创业的特点，在自己的意识里形成一种自觉性，为创新能力的快速转化提供条件，为实现个人价值目标插上有力的翅膀。

2. 社会角色的期待

在迅猛发展的当今社会，要适应社会发展，引领创新进步，个人就要彻底解决以下四方面问题：

第一，定式思维问题。思维是一切智力活动的核心，它在大学生创新活动中起着主导作用。思维有积极性，也有消极性，当个人发挥思维的能动性和创新性时，它就能转化为创新活动的内在动力。但当个人思维为惰性所困时，很容易形成思维定式，成为阻碍个人创新能力发挥的重要心理障碍。所谓思维定式或定式思维，实际上就是一种习惯性思维，或是受思维固执性、单一性和守旧性的影响，主要表现为：思维单一、头脑僵化、观点陈旧、理论过时等。有了思维定式的人，容易按照固有的思维模式考虑问题，他们不能根据具体的社会环境进行思考，因而容易使自己陷入思路固化、思想僵化的困境。有些大学生学习用功，知识可谓渊博，但在具体运用所学知识时却难以突破原有知识框架，受困于既定含义和习惯性思维方式，不敢越雷池半步。如若不能破除思维定式的障碍，将严重影响个人创新能力的发展，因此，个人应加强在以下方面的自我锻炼，解决好思维定式问题：（1）及时了解新理论，积极吸取新思想，扩大所学知识面；（2）要以与时俱进的精神，保持良好的进取心态；理性地看待新生事物，做好学习研探工作，不断突破思维定式的束缚。除此以外，个人还得经常有意识地使用多种思维方式，让自己尝试不熟悉或不喜欢的思维方式方法去解决思维定式所带来的局限性。

第二，畏难情绪问题。创新是一种充满艰难险阻的社会活动。可以这样说，自然科学和社会科学领域内的新发现、新发明和新创新等，总是同传统观念、势力和公认准则、现行标准有矛盾冲突，因而难免要遭到社会上的各种责难，还有可能会受到迫害和打击。这对于涉世不深的大学生来说，创新活动所带来的巨大压力，很可能会产生畏难情绪，从而会使他们在进行创新活动时，特别是在紧要关头，可能会畏缩不前。因此，要有敢为天下先的胆识，失败了从头再来、坚忍不拔的精神，勇于面对创新中的一切困难阻力，才能战胜可能存在的畏难情绪。

第三，自卑心理问题。当前我国很多大学生是独生子女，在家受到长辈的众多宠爱，在学校是重点保护对象，从而容易养成以自我为中心的自大心理习惯。但进入大学以后，高手云集、尖子成堆，全方位的激烈竞争常常会使这些学生的心理受挫，从而感到紧张、焦虑，进一步会发展成自卑。当这种自卑心理发展严重时，就会很容易形成自我封闭、自我否定和自我压抑的心理态势。特别是在开发创新能力方面一旦形成自卑心理，就会对创新产生高估和对自我能力进行贬低，使他们对创新失去自信。为此，要摆脱自己才智平平的错误认识，克服创新高不可攀的心理，树立自信，抛弃自卑。

第四，懒惰懈怠问题。创新是勤奋的结果，懒惰是创新的坟墓。当前，很多大学生懒惰、懈怠成了习惯，他们精神萎靡不振，整天无所事事、虚度年华，也不愿振作精神去做艰苦细致的创新性研究探索，更不愿投入到具体创新的实践中去。这些人常常沉湎于不切实际的幻想，希望创新的灵感从天而降。思想上的懒惰和行动上的懈怠，使他们丧失了所肩负的社会责任，与社会角色的期待相去甚远。只有破除懒惰、懈怠的习惯心理，才能使大学生将远大的抱负、求实的精神和勤奋的作风结合起来；要坚持勤思考、勤实践、敢创新，养成多想、多问、多写、多干的良好习惯，使懒惰和懈怠无处藏身，以实际行动，积极投身到创新活动中，切实让自己成为社会创新的中坚力量。

3. 时代环境的要求

在高速发展的知识经济时代，一个国家国民科学文化素质的高低，特别是知识和技术创新能力，更是国家在国际竞争中的关键所在。创新能力是时代环境赋予当代大学生的使命要求。首先要了解知识经济时代是一个特殊的时代，要清楚它的产生、发展和先前的工业经济相比有如下三个显著特点。

第一，知识经济是以知识为资源，作为第一生产要素。这和过去各种经济类型相比，它对能源、资源、原材料的依赖程度大幅度降低，生态可持续发展潜力巨大。知识资源还具有延续提升性，使它可以成为取之不尽、用之不竭的重要生产要素。

第二，知识经济以高科技作为支柱，推动社会经济发展。工业经济时代是以制造业为主要牵引，其显著特点是机械化和自动化。知识经济时代是以高技术产业为主导，高度的信息化和智能化是其主要特点。基于信息、网络技术的高速发展，不断推动了以提供知识和信息为主的服务业成为导向性产业，从而推动了经济的全球化发展。

第三，知识和技术创新是知识经济的核心所在。工业经济时代是以提高新技术和吸收消化新技术作为头等大事；知识经济时代是突出创新意识和创新能力，原因是未来社会只有不断创新才能跟上高科技发展的节奏。工业经济时代的着力点放在把设想转变为新产品、新工艺、新市场，主要体现在应用层面上；知识经济则着眼于基础研究和知识创新，形成知识创新工程和全新的支柱性产业。

我们知道了知识经济时代的特点，就要充分了解社会环境对创新性创业的要求。重点要了解社会环境的主要制约因素，如政治环境、经济环境、法律环境、文化环境、人口环境、市场环境、人力资源环境、交通环境等方面。特别是法律环境，直接涉及国家对产业建立、发展的政策，哪些行业可以建立，哪些行业有鼓励政策，哪些行业国家限制发展等。这些法律规定和相关政策对创新性创业有着巨大影响，有时会起到决定性的作用。所以，了解、熟悉国家法律规定和相关政策，对于创新性创业者来讲是不可忽视、不可不认真对待的大问题，要切实用心研究，搞清法律、政策等要求，确保万无一失。还有市场环境，对于创新性创业者来说也是成功与否的关键性因素。知己知彼，百战不殆。市场的需求是创新性创业者的根本，只有充分了解市场需求，才能避免盲目创建企业，提高创新性创业者的成功概率。

社会时代的发展对大学生来说个人所获得机会多少与自身创新能力素质有着密切的联系，相比较而言，个人创新能力素质越高所遇到的机会也就越多。自身创新能力素质高的人善于思考，善于利用自身的条件去谋求适合自己的事业，其所获得的机会就比创新能力素质低的人多。一个人要想获得更多的机会，就要积极主动地提高自身的创新能力素质。

（六）创新型人才培养

1. 新时代需要的创新精神

创新精神在《新世纪青年百科全书》中描述为：产生创新思维的频率和数量与人们的创新精神有关，也与人们的知识和经验因素有关。创新精神指的是创新主体在创新认识基础上产生的一种创新态度和追求，它是一种精神状态，是一种非智力因素。随着经济社会的飞速发展，新的产品、技术、模式快速更新换代，当代大学生不论是否准备创业，都应该拥有创新精神才能紧随时代脚步，甚至走在发展前列，创新精神对大学生的个人成长和事业发展都将具有重要作用。大学生培养创新精神可从以下几个方面实践。

第一，大学生要保持一分好奇心，多提为什么。好奇心包含着强烈的求知欲和打破砂锅问到底的探索精神，不断地发现问题，思考问题的原因，尝试各种解决办法，是创新精神的不竭源泉。

第二，大学生要有批判辩证思维，换个角度想问题。马克思主义辩证法告诉我们要学会辩证地看问题，并非有人验证过的就一定是真理，现有的知识不一定没有任何缺陷和疏漏，许多科学家对旧知识的扬弃都是从批判辩证的角度反复思考得出的结论。批判辩证是发自内在的创造潜能，也是科学研究的重要方法，它激发人去钻研探索和尝试，我们要适度使用从而创新。

第三，大学生要有追求创新的欲望，预设新目标。心中有目标有追求才能在遇到挫折时候坚持努力，才能在遇到困难时候不断思考创新。

第四，大学生在创新过程中要有冒险精神，挖掘创新潜能。人们总是对否定现有旧知识、出现的新事物持有质疑、否定的态度，想要有所创新就需要有打破原有秩序的冒险精神，在合理化的范围内深度挖掘创造潜能。

2. 创新型人才培养模式概念

创新型人才是当代社会寻求发展的根本条件。缺乏创新的社会，其发展必陷入呆滞，缺乏创新型人才的社会，其发展也将受到巨大的影响。随着我国改革开放的持续深入，创新成为推动社会持续发展的内在动力。在"建设创新型国家"重大战略实施过程中，面对新形势、新任务，如何培养创新型人才是包括高校在内的所有机构和组织亟待解决的问题。要解决这一问题，分析并把握创新型人才的内涵和特征就显得尤为重要。创新型人才应该是具有创新精神、创新能力和创新人格并进行创新实践的人才，"是能根据一定目标，运用所掌握的一切知识和信息创造出某种新颖的、独特的，有社会价值、经济价值和个人价值的有形或无形产品的人"。当代大学生是未来社会建设的主力军，是建设创新型国家的主要力量，具备创新精神、创新能力和创新人格，不仅是创新型人才的基本素质，也应该是当代大学生所努力追求的基本素质。

在特定条件下，以相关的教育思想和理论为指导，为了实现某种目标而将教育与教学的方式和方法进行相关风格的固定和特征的识别的过程称为人才培养模式。人才培养模式具有系统性、规范性和计划性。其中包含诸多的培养要素，主要有课程体系状况、教学计划模板、专业设置模式以及跨学科的培养模式等。这些都是为实现培养目标而进行的工作，要素之间具有特定的逻辑关系。人才培养的模式标准有差异，由此产生人才培养模式的差异。这种差异主要包括以下几个要素。

第一，培养目标。培养目标有很多种表达方法，它是指承担培养的学校、专业等要承担的具体培养需求，可以从人才本质、培养要求、培养方向等方面进行细分。培养目标是由以上几种要素、学生的基础特征和所处的环境所共同影响和决定的，它代表整个培养模式的核心。人才培养目标是对即将培养的人才的质量和相关要求的总的考量，通常包括 3 个方面：为社会培养、为相关专业领域培养和全面培养。这里所说的全面培养是指从身体和心理的全面发展，而不是指这个人具有十八般武艺、样样精通。

第二，培养内容。培养内容可对培养对象直接产生影响和作用。学校人才培养的内容一般通过课程培训进行。除了规划之内的课程，还有相配套的课外活动、游戏、价值观的探索，相关的行为和态度，学校的校风校纪等，这些都会对学生产生直接的影响和作用。

第三，培养过程。培养过程是为了达到培养的目标而进行的所有操作。在相关制度规定下，通过教材、实验设备等的相互配合，并通过特定的方式进行教学的过程称为培养过程。这是人才培养的前提，包括课程体系的完整性、专业设置的合理性以及培养方法和方式的准确性等。

第四，培养制度。培养制度是指有关人才培养的重要规定、程序及其实施体系，是人才培养得以按规定实施的重要保障与基本前提，也是培养模式中最为活跃的一项内容。它主要包括专业设置制度、修业制度和日常教学管理制度三类。

第五，培养评价。培养评价是指依据一定的标准对培养过程及所培养人才的质量与效益做出客观衡量和科学判断的一种方式。这是在人才培养过程中具有重要作用的一个环节，是对上述的目标、过程、制度等的监督和检验，并能够对出现的问题进行及时的反馈和更正。

由此可见，在人才培养体系中，人才培养模式既不是单纯的内容，也不是单纯的形式，更不是单纯的目标和结果。从培养模式的本质来讲，虽然这是一种过程，但是这个过程需要对相关的事项进行搭建、设计和管理。

二、创业概述

（一）创业的概念

"创业"一词由"创"和"业"两部分组成。"创"作为动词具有始造的意思，即创建、创立，在《辞海》中的解释为创立基业；"业"是指事业的基础、根基。"创业"一词在古今中外有不同的定义，随着时代的发展，它又被赋予了多种含义。

古代的创业强调的是建立事业的一种终局状态。诸葛亮在《出师表》中说"先帝创业未半而中道崩殂"，这句话里面的"创业"是一种广义的创业，指的是创立帝业，与现在所说的创业不同，其级别更高。

现代的创业强调的是捕捉机会、发现机遇的过程。改革开放以来，创业被描述为一切个人或团队开创某种事业的活动，如开办工厂、创办公司等。在高等院校创业教育中，创业是指学生以所掌握的知识为基础，以风险投资基金为资助，开创性地将教学科研中的创新成果转化为具有广阔前景的新技术、新产品和新服务，最终建立起具有发展潜力和影响力的新企业甚至新产业的一系列活动。

"创业"一词在现代汉语中被频繁地使用，其含义大致可以概括为 3 种：反映创业起始的艰辛与困难，体现创业过程中的开拓与创新，强调新的成就与贡献。因此，创业是创业者通过自己的主观努力而取得新成果的过程。

创业有广义和狭义之分。广义的创业重在创业行动，包括创办新企业、壮大旧企业（事业、实体），对任何企业、事业组织及实体、工程等进行拓展、创新、改造、治理、提升品质等行为，都可以划归到创业范畴中，以区别于守业、败业等消极的从业行为。因此，广义的创业涵盖了企业成长过程的任何阶段，即所谓再创业、继续创业、成长型创业、拓展型创业、竞争型创业等。广义的创业与实际的创业情况更加接近，且符合广大创业者对创业科学的认知和关注。

狭义的创业通常是指创办一个新企业，它包括从筹备到企业稳定成长的全过程。例如，创业者开办个体或家庭的小企业，开展相关业务经营活动的过程。目前，大学生所进行的创业就属于狭义范围内的创业，是大学生结合当前经济社会发展状况，根据国家促进大学生就业和创业的政策要求，运用所学的创业知识和专业技能，寻找并抓住创业机会，创造出新产品、新服务，实现人生价值的全过程。

（二）创业的必备资源

1. 资金

资金是创业的血脉，是创业者亟待获得的启动资源，有调查显示，近四成创业者认为资金是创业的最大困难。的确，巧妇难为无米之炊，没有资金，再好的创意也难以转化为现实的生产力。资金是创业要翻越的一座山，是否有足够的资金是创业者遇到的第一个问题。创办企业后，如果连续几个月入不敷出或者因其他原因导致现金流中断，都会给企业带来极大的危险。相当多的企业在创业初期因为资金紧张而严重影响业务的拓展，甚至错失商机不得不关门大吉。

2. 人才

在现代社会，可以说人才是最重要的，创业者理应更加重视人才。在电影《天下无贼》里，黎叔有一句经典对白：21 世纪什么最贵？——人才！如果修长城，人才是基石；如果修大厦，人才就是栋梁；如果搞企业，人才就是通向成功的保证。古今中外，治国也罢，治理企业也罢，得人心者得天下，失人心者失天下，这是不可否认的真理。华为的成功，在很大程度上归因于成功实施人才战略。在华为的管理理念中，什么都可以缺，人才不能缺；什么都可以少，人才不能少。华为把人才视为最宝贵的财富，在对人才的争夺上毫不含糊。人才，是企业和社会发展最核心的要素。企业的职能是"整合资源，创新价值，创造财富"，唯有人才，才能创造。

3. 人际关系

对于创业者能否编织自己的高效的人际关系网络决定着创业的成败。俗话说："一个篱笆三个桩，一个好汉三个帮。"有调查表明，一个人的成功等于 20% 的能力加 80% 的人际关系。这个世界上有能力的人很多，然而取得成功的人却很少，更多的人抱怨自己没有机遇。为什么？一个重要的原因就是他们在人际关系方面的欠缺。如果一个创业者在创业之初就拥有一个强大的人际关系网络，那就拥有了先天的资源优势。在人际关系中，有同事、同行、上下级、主顾等业缘关系，有同学、师生、师徒等学缘关系，有邻居、同乡等地缘关系，有人生道路上偶然接触而相识、建立友谊的机缘关系。在这众多的关系中，同学关系、战友关系、同乡关系、职业关系等非常重要。如果你会读人、懂得读人，那你将拥有良好的人际关系，这有助于你创业成功。

4. 知识

新经济时代的主流是用知识资本创造财富。知识资本指以知识为主体参与企业经营活动，并为企业创造价值的资本形态，与有形的物质资本不同，知识资本是一种无形资本。资本形态经过商业资本、工业资本、金融资本后，进入知识资本时代，谁拥有更多的知识，谁就拥有更多的主宰权。目前我们正在脱离工业文明时代，进入知识经济文明时代。知识替代资本、物质成为决定生产力的第一要素。知识在理论上是取之不尽的最终替代品，已成为产业的最终资源。新时代推动社会发展的主导力量已经不是简单的劳动者的力量，也不是资本的力量，而是知识资本的力量。

5. 时间

许多人都知道"时间就是金钱"这句名言，却没有多少人能理解"时间就是财富"。"时间就是财富"不仅是一般的理论描述，而且是现实生活的反映。在现代社会经济生活中，时间的确是财富，你抓住了时间，就得到了财富，你放纵了时间，财富就从你手中溜掉了。生命就是时间，时间就是财富。对时间的计算就是对生命的计算、对财富的计算。把握时间吧，把握时间就是把握生命，就是把握财富！

6. 健康

创造财富可以说是人生中最大的快乐之一，但如果你真的把清醒的每一分钟都用来赚钱，而忽略了自己的健康，那将得不偿失。因为，人不是只会干活不需要吃饭睡觉的永动机。健康就是财富，创业者千万不要为了追求身外的财富而忽略了自己最大的财富——健康。

7. 智慧

人都向往财富，人人都在不断地追求财富。想要富有，就要用好自己的大脑。能够成功的人都懂得为自己开辟一条道路，用独特的眼光去发现、创造商机。有智慧的人会慢慢积累更多的经验与阅历。一些小智慧会给人们带来财富。很多成功的商人，就是由小智慧发家致富。在精明能干的商人眼中，智慧是任何东西都不能代替的。智慧是每个人的无价之宝，也是我们一生的财富源泉。

（三）创业的过程与阶段

创业一般情况下起源于一个好的创意想法，当创业者发现这种创意能够带来商业机会，获得利润时，就可以着手创业了。从产生创业的想法到创建新企业或开创新事业并获取回报的整个过程，可大致划分为机会识别、资源整合、创办新企业、新企业的管理四个主要阶段。创业者如果能够理解、遵循并执行这四个阶段的基本步骤，就可以提高创业的成功率。

1. 机会识别

识别创业机会是对可能成为创业机会的各种事件的分析和对创业预期结果的判断。其核心活动包括：创新并勾画愿景、进行市场分析与研究、竞争评估、商业模式开发等。

2. 资源整合

资源是创业的基础性条件，整合资源是创业者开发机会的重要手段。其核心活动包括：流程与技术调研、确定价格、市场与营销模式、保障启动资本、管理资金、制订成长期资金计划、投资谈判等。

3. 创办新企业

创建新企业需要进行大量的准备工作，其核心活动包括：创业计划、创业融资、注册登记等。

4. 新企业的管理

企业管理是创业过程中的重要环节，确保新创建的企业生存是创业者必须面对的挑战，但是创业者对于企业不能仅仅考虑生存，同时还要考虑成长。其核心活动包括：制订企业发展的计划、寻找合作联盟、出售或并购、继续管理或退出等。

（四）适合大学生起步的创业模式

创业模式是指创业者为保障自身的创业理想与权益，而对各种创业要素的合理搭配，即创业的组织形式、方式，创业行业的选择等。大学生在分析创业环境和自身条件后，如果想创业，能创业，就需要选择适合自己创业起步的创业模式和领域。对大学生创业者来说，选择一个适合自己的创业模式，可以省去创业过程中不必要的麻烦。

选择适合自己的创业模式，是创业成功的关键。创业模式有很多，创业者需准确判断自身的优势和劣势，选择最适合自己的创业模式，以化解创业过程中所遇到的不利因素。适合大学生起步的创业模式主要有以下几种。

第一，小微企业。大学生创业多数属于"白手起家"，其创业过程是从无到有，即先学习经验，进行资本的原始积累，待条件成熟后，就可以从小规模的企业开始做起。这种方式是最艰苦的，成功率也较低，大学生创业者必须具备超强的耐受力。该类模式要想取得成功需要具备 4 个条件：广泛的社会关系、好的项目或产品、良好的信誉和人品以及吃苦耐劳的精神。

第二，代理创业。代理是一种很常见的创业方式。所谓代理创业就是借由其他公司的商品和品牌，自己打造一个单独的平台来销售商品的创业模式。这种经营模式适合初次创业者，可以帮助大学生创业者学习更多的专业知识和创业经验。现在很多厂商并不直接面向消费者进行终端销售，而是选择代理商，由各级代理商进行终端销售。因此，想要加入某厂商市场体系，或是代理销售某厂家的产品，大学生创业者就必须要找到合适的厂商。

第三，加盟创业。加盟创业是采用加盟的方式进行创业，一般方式是加盟开店。调查资料显示，加盟创业成功的比例较高，在相同的经营领域，个人创业的成功率低于 20%，而加盟创业的成功率高达 80%。加盟创业的关键是选择加盟商。因为加盟创业并不是根据创业者自己的产品、品牌和经营模式来创业，而是借助和复制别人的产品和经营模式，所以加盟商的质量好坏直接决定了大学生创业者的创业前景。一般来说，选择加盟商应该从行业、品牌等方面进行考虑。一是选择有活力的行业。有活力的行业更具有发展的空间，能提供持续的市场需求。目前较活跃的加盟代理行业有很多，主要为家居建材、餐饮美食、服装饰品、汽车销售、汽车美容、洗衣、美容美体等行业。二是选择有生命力的品牌。品牌是企业产品质量和内在品质的象征，一个好的品牌能得到消费者的认可和推崇，因此大学生创业者在选择加盟品牌时要有清晰的定位，以保障加盟店稳步发展与持续盈利。

第四，网络创业。网络创业，就是通过网络来进行创业，是目前十分新潮的一种创业方式，主要包括网上开店与网上加盟，通常适合于技术人员、大学生和上班族。调查显示，超过 80% 的网络创业者年龄在 18~30 岁。随着互联网技术的发展，网络创业的门门槛大大降低，越来越多的人选择了网上开店或微商加盟的方式来创业。前期投入少、创业成本低，这是大部分人选择网络创业的原因。

第五，在家创业。在家创业也称 SOHO（Small Office / Home Office），准确地说，是创业者独立工作，不隶属于任何组织。该类模式的优势在于时间安排自由，既能赚钱又能照顾家庭。自由撰稿人、音乐家、画家、平面设计师、自由摄影师、美术编辑、职业玩家、网站设计人员、网络主持等都是具有代表性的SOHO 创业方式。

第六，兼职创业。兼职创业是指在已有的工作基础上进行二次工作。兼职创业要求创业者根据自己的实际情况选择合适的兼职。兼职创业的职位有高有低，需要大学生创业者根据自身的能力或机遇而定。但不管做什么兼职，都能够锻炼大学生创业者的创业能力并积累创业经验，同时还能获得一定的资金，最重要的是，能在无须放弃目前工作的情况下，很好地为大学生创业者提供创业机会。兼职创业的规模一般较小，但仍然需要大学生创业者像全职创业那样去尽心尽力地筹划，不能因为它不是正职就把它当成业余爱好。除此之外，大学生创业者还可以选择一些对时间要求不太严格的项目来进行创业，如在线销售、虚拟助理、国际代理、设计、写作等。

（五）撰写创业计划书

创业是一个理性行为，创业者需要将头脑中的创业想法，系统地以创业计划书的形式表达出来，这是取得成功关键的一步。虽然创业计划书不是万能的，但是创业没有创业计划书即如无源之水、无本之木。

1. 创业计划书的作用

（1）能够帮助创业者理清创业思路。"如果你想踏踏实实地做一份工作的话，写一份创业计划能迫使你进行系统的思考。有些创意可能听起来很棒，但是当你把所有的细节和数据写下来的时候，它自己就崩溃了。"——尤金·克莱纳（Eugene Kleiner，风险投资家）

在创业过程中，首先创业计划书是创业者给自己看的，因为创业者要结合现有资源、市场形势对初始竞争策略出详尽分析，提出可行的创业计划。创业计划书不仅能够让创业者自己思路清晰，还是创业前期准备和风险分析的必要手段，一个处于研讨论证阶段的项目通常比较模糊，亟待通过撰写创业计划书来逐步推敲、多方论证，让创业者和投资者对项目有更加直观和清晰的认识。

（2）能够帮助创业者有效宣传项目。创业计划书作为一份全方位的项目计划，包含了对所论述的创业项目各方面的可行性分析，能够将创业者天马行空的思路系统化、条理化展现出来，从而让投资者更加清晰地读懂创业者的想法。同时，一份完善的创业计划书通过翔实数据、严谨分析、远景规划，不但会增强创业者自己的信心，也会让风险投资家、合作伙伴等增加对创业者的信心，打消投资顾虑，这对于创业初期能否顺利融资至关重要。创业计划书的可行性是当下风险投资家最为看重的主要内容之一。

（3）能够帮助创业者实现有序管理。创业计划书的内容中包含了项目的现状和未来发展方向，通常围绕资金规划、财务预算、产品开发、投资回收、风险评估等内容，构建较为完善的经营管理和效益评价体系，为创业者实施创业实践提供了充足依据和有效支撑，这对创业项目后期进入市场和内部日常经营管理来讲非常重要，有助于开启良好开端。

2. 创业计划书撰写步骤

（1）明确创新创业思路。创业者的一些想法需要经过可行性分析，只有通过市场需求评价及商业评估等才能真正成为创业商机。因此，创业者要对自己的想法进行分析，确定创业目标，初步完成创业构思。要进行环境分析，积极适应自然环境、政治法律环境、科技环境、人文环境等宏观因素，把握社会发展大趋势；充分利用好行业环境、地域环境、业务环境等蕴含的机遇和挑战，对创业进行战略部署；敏锐感知供应商、企业各部门、顾客、竞争者、社会公众等外部因素的变化，规避风险，抢占创业先机。要做好产品或服务的定位，好的创业思路通常是建立在市场需求、产品或服务开发上，创业者要在分析市场需求基础上，根据实际情况设计开发出具有价值的新产品或新服务，把握住市场的发展趋势。统筹来讲，引入新的产品、提供产品新的用途、采用新的生产方法、开辟新的市场、实行新的企业组织形式等都属于创新范畴。

（2）深入开展市场调研。市场调研是运用科学方法，有目的、有计划地收集、整理分析创业信息和资料。只有深入的市场调研才能准确把握市场的脉搏，才能真正了解掌握基于客户需求的商机。在市场调研环节，创业者要站在消费者的角度思考和分析客户的需求，将调研获取的信息充分融入创业计划书设计，顺应市场发展、满足市场需求的创业计划是可行的，反之则注定会失败，因此深入的市场调研是撰写创业计划书不可或缺的环节。

（3）拟定创业计划大纲。创业计划书的大纲相当于建筑物的框架结构，只有坚实、牢固的结构才能支撑起一份优秀的创业计划书。创业者在经过思路厘清和市场调研阶段后就要开始着手起草创业计划书的大纲。大纲框架搭建得越详细，对后续的创业过程思考就越有益，就更能让投资者清楚了解创业者的意图。在完成大纲的起草后，创业者要对其进行不断的细化和完善，把持续获得的市场信息进一步融入大纲当中，更好地适应市场需要。

（4）完善详细创业计划。创业计划要根据之前拟定的大纲来撰写，可以说，创业计划是对大纲的一个详细的扩充和延伸。创业计划部分必须让投资者清楚了解创业者建立的是怎样的企业、已经获得了什么样的成绩、提供的是何种产品或者服务、能够为客户带来什么样的便利、创造这个产品或者提供服务的又是什么样的人、组建的是什么样的团队、面临着怎样的挑战和竞争、如何持续发展这个企业、需要多少资金支持，以及如果顺利获得融资，下一步将如何安排资金的走向、实现企业的长远发展规划等。此时的创业计划书已经趋于完整，其中包含了投资者所感兴趣的诸多创业信息。

（5）检查更新创业计划。在完成初步创业计划书之后，创业者要在实际操作过程中，结合环境、市场的变化情况，对创业计划进行实时检查更新，确保创业计划的时效性、真实性和完备性，使其更具针对性和说服力。

创业计划书是整个创业过程中一个非常重要的环节，它是向投资者展现团队创业计划的媒介，投资者将通过创业计划书了解整个项目。创业计划书的成功与否是整个项目成功与否的关键，所以我们必须使创业计划书尽可能地完善，抓好每一个细节，向投资者呈现一份完美的创业计划书，迅速推动项目转化落地。

（六）"互联网+"背景下的大学生创业

1. "互联网+"背景下创业的优势

（1）大学生创业被社会各界普遍认可。党的十九大报告中指出，要促进高校毕业生等青年群体多渠道就业创业。大学生创业获得了国家的高度重视，各省、市、自治区也积极响应国家号召，广泛宣传鼓励大学生自主创业政策，创建各类大学生创业孵化基地和创业园。

（2）大学生思维活跃、自主学习能力强。大学生具有极强的领悟和分析能力，思维能力活跃，自主学习能力也比较强，善于接受和利用新事物，能将所学的知识转化为能力，并对事物加以创新。大学生运用网络技术的能力较强，能够通过互联网获得和发现很多重要信息，能更快地适应互联网的发展潮流。互联网创业可以涵盖所有层次的大学生，竞争的机会均等。在大学生自主创业的成果典型中，很大一部分都是互联网创业。

（3）互联网创业门槛低、风险小。互联网创业可以不受时间、地点、条件的限制，前期投入比较少，有些创业项目甚至只需要一台或几台能上网的电脑就可以展开工作。在互联网时代，大众的消费观念也发生了很大的变化，电子商务满足了消费者个性化的需求，比传统消费渠道拥有更多的优势。在淘宝网、京东商城等电子商务平台进行网络创业，不仅共享供货平台、商业资讯和物流，而且对创业启动资金的要求也不高。

（4）互联网发展前景广、创业机会多。互联网已经在全球普及，国内外市场基本连成一片。随着互联网技术的日益发展，未来可以将产品和服务信息轻松地传送给全球任何一个地方的消费者。特别是在物联网、云服务等网络技术进一步发展的同时，还有更多创业机会涌现出来。

2."互联网+"背景下大学生创业关键要素

（1）最佳切入点。创业的关键在于市场环境、消费需求、竞争对手及自身优势的全盘分析，并且从最佳切入点进入市场。对于绝大多数想创业却犹豫不决的人来说，能否找到市场的"最佳切入点"是首要解决的问题。作为一个打算进入某个行业的创业者应该从优异的能力、行业环境、互联网产业价值链等方面考虑，并且从共赢的角度将利益相关方连接在一起。

（2）关键资源能力。关键资源能力包括金融资源、实物资源、人力资源、信息、客户关系等。从考虑资金投入是靠团队拼凑还是银行借贷，到办公场地和环境的选择；从团队成员的分工和利益分配，再到对上游供货商、物流商、下游终端消费者等各方面的管理，都是保证创业构思和设计得以实施的关键因素。

（3）定位。定位的前提是要确定业务核心内容，对消费者提供哪些产品或服务，分析界定出消费者、竞争者、合作伙伴及他们所拥有的资源或能力。同样的产品，如何发挥出价格和服务的优势，这些都是需要提前规划的。

（4）盈利模式。清晰的盈利模式非常重要，但也要注意避免盈利模式单一化、生硬化。从哪获取利益、如何分担投资或支付成本，都是要着重考虑的问题。例如，企业的盈利是靠网站上的广告？还是赚取交易差价？或者是收取会员费？近年来，很多互联网企业被业内人士批评，指出其发展速度缓慢，其根源就是盈利模式不清晰。

（5）现金流。考虑现金流时，首先要考虑固定成本、推广成本，以及资金的投入时间、盈利时间、如何规避成长风险等。创业的终极目标是获得长期收益，而收益的好坏，直接表现就是现金。

3."互联网+"背景下大学生创业发展对策

（1）整合资源，为大学生互联网创业提供平台。随着高校办学条件的不断改善，可利用的资源越来越多，如实验室、训练中心、计算机机房都可以作为大学生参与创业实践体验的平台。高校可以进一步整合现有的资源，让学生进实验室、进项目、进课题，掌握和储备更多的知识。结合大学生创业实际体验，建立创业实践基地，引导大学生创业团队入驻，并有重点性地对门槛低和风险小的互联网创业项目进行扶持，为学生开展互联网创业提供良好的环境保障，提高大学生创业能力，形成群体效应、资源共享。

（2）加强师资队伍，提升教师创业指导能力和水平。高校开展创业教育和大学生创业工作，除了需要建设一支专兼职相结合的创业教育教师队伍，在大学生中有针对性地开展创业基础知识教育之外，还要从各大企业聘请有一定创业经验和成就的成功人士，充实高校大学生自主创业指导的创业导师队伍，以提高大学生自主创业的成功率。鼓励创业教育教师到民营企业、中小企业挂职体验，开阔创业教育教师的视野，提升创业教育教师的创新创业指导能力和水平。

（3）宣传校园互联网创业典型，营造良好氛围。在大学生中培育宣传创业精神和创业经历的典型，是对大学生投身创业的一种激励。使创业大学生对创业本身坚定信心和决心。让大学生发现更多的互联网创业机会，吸引更多的大学生参与到互联网创业中来。各高校可以通过校园网、两微一端、校园广播站等对互联网成功人士的创业事迹进行宣传，并邀请成功创业人士到校参加专题讲座和互联网创业沙龙等活动，组织大学生赴互联网创业基地参观、学习，为大学生树立互联网创业学习目标。

参考文献

[1] 顾盼盼，刘政，陈玲.新时代辅导员指导大学生就业路径探析 [J].现代商贸工业，2021，42（32）：75-76.

[2] 陈晨.大学生就业指导课改革路径探索 [J].现代职业教育，2021（42）：198-199.

[3] 彭汉生.职业生涯规划在大学生就业指导工作中的重要作用 [J].就业保障，2020（20）：55-56.

[4] 于文华.基于大数据的大学生就业创业指导系统 [J].微型电脑应用，2021，37（09）：37-39+43.

[5] 王颖.高校大学生党建与就业工作联动机制的探索 [J].吉林教育，2021（26）：17-19.

[6] 史丹丹.大学生就业教育的研究分析 [J].现代农村科技，2021（09）：73-74.

[7] 李畅.大学生就业指导服务的多元主体协同机制创新 [J].产业与科技论坛，2021，20（16）：227-228.

[8] 刘培峰.大学生就业指导服务质量研究 [D].杭州：中国计量大学，2019.

[9] 赵钰良.当代大学生就业价值取向及教育对策研究 [D].哈尔滨：哈尔滨理工大学，2017.

[10] 陈立娟.大学生职业价值观教育研究 [D].大连：辽宁师范大学，2017.

[11] 张在法.高校辅导员指导学生就业能力提升研究 [D].长春：东北师范大学，2016.

[12] 常敏.当代大学生科学就业观及其培育路径研究 [D].南京：南京工业大学，2016.

[13] 王磊.多媒体环境下大学生就业指导创新研究 [D].杭州：中国计量学院，2016.

[14] 李琳.大学生就业思想教育问题研究 [D].长春：长春工业大学，2015.

[15] 黄金玉 . 大学生就业能力模型的建构与验证 [D]. 苏州：苏州大学，2014.

[16] 薛荷 . 高校大学生就业中的问题与对策研究 [D]. 合肥：安徽大学，2013.

[17] 罗共和，黄元文 . 赢在校园 [M]. 重庆：重庆大学出版社，201810.282.

[18] 郭霖，张美华，曾婧，胡晶晶，陈晶 . 人际沟通与公众表达 [M]. 重庆：重庆大学出版社，201808.208.

[19] 陈磊，张晓敏，黄利梅，陈红芹，张瑛 . 大学生职业发展教育 [M]. 重庆：重庆大学出版社，201808.333.

[20] 胡楠，郭冬娥，李群如，石建华，李志光 . 大学生职业规划与就业指导教程 [M]. 北京：人民邮电出版社，201708.226.

[21] 胡楠，郭冬娥，李群如，石建华，李志光 . 大学生职业规划与就业指导实践训练 [M]. 北京：人民邮电出版社，201708.145.

[22] 吕朋霞 . "大学生职业生涯规划与就业指导"课程教学改革的思考 [J]. 现代商贸工业，2021，42（19）：55-56.

[23] 王静誩 . "大学生就业指导"课混合式教学模式初探 [J]. 北京教育（高教），2021（06）：31-33.

[24] 韩芳 . 创新创业教育在大学生就业中的价值及意义——评《大学生就业指导与创新创业教育》[J]. 中国教育学刊，2021（06）：117.

[25] 李春艳，李倩倩，徐军，杨丹妮 . 新时代高校辅导员就业工作指导策略 [J]. 办公室业务，2021（10）：89-90.

[26] 南洋 . 浅析基于"互联网+"背景下大学生创新创业能力培养 [J]. 电脑知识与技术，2021，17（15）：124-125+135.

[27] 邱鲁欢 . 大学生就业心理困境及解决策略研究 [J]. 开封文化艺术职业学院学报，2021，41（05）：140-141.

[28] 孙天斌 . 互联网+时代大学生就业指导的创新思考 [J]. 数字通信世界，2021（05）：279-280+195.

[29] 方波 . 大学生创业模式现状及对策探讨 [J]. 中国就业，2021（04）：42-43.

[30] 吴紫青 . 大学生参与就业指导影响因素及对策 [J]. 就业与保障，2021（07）：51-52.